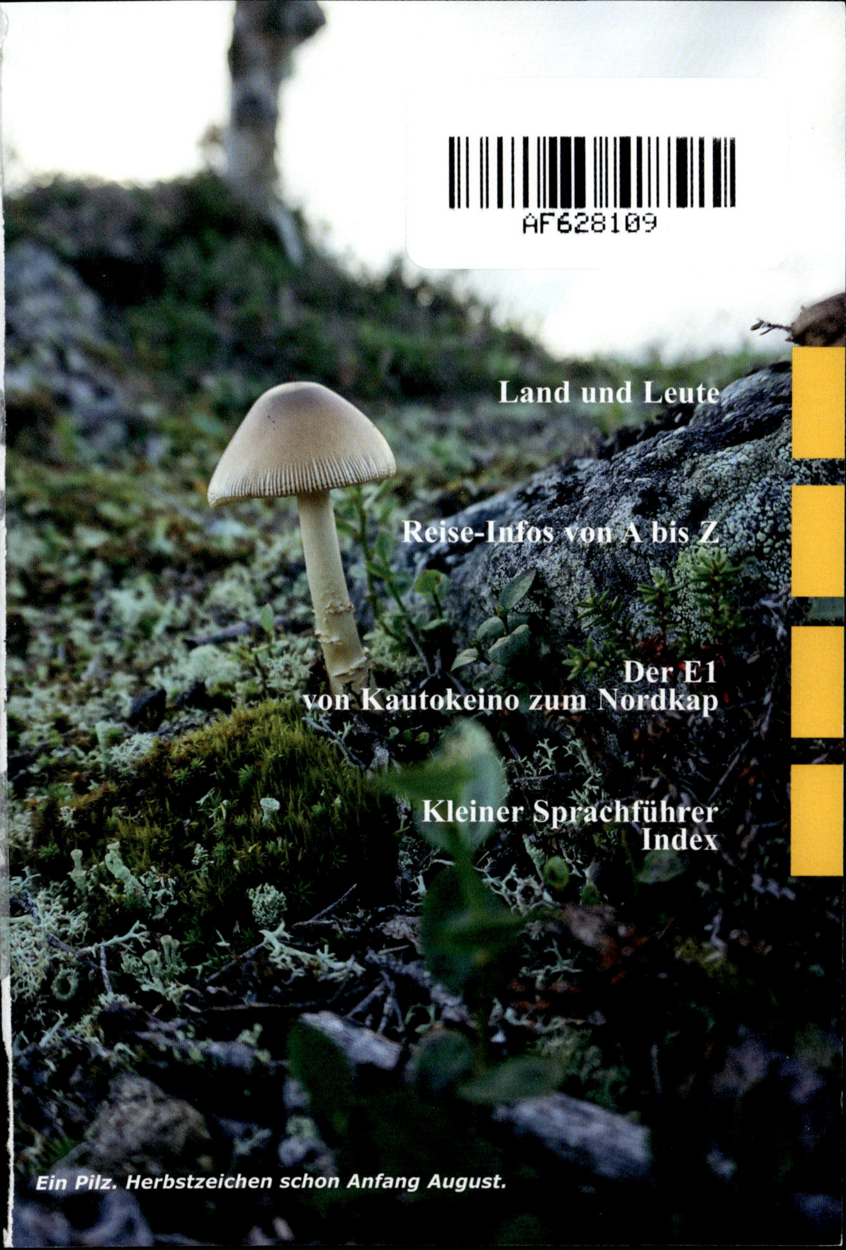



*Ein Pilz. Herbstzeichen schon Anfang August.*

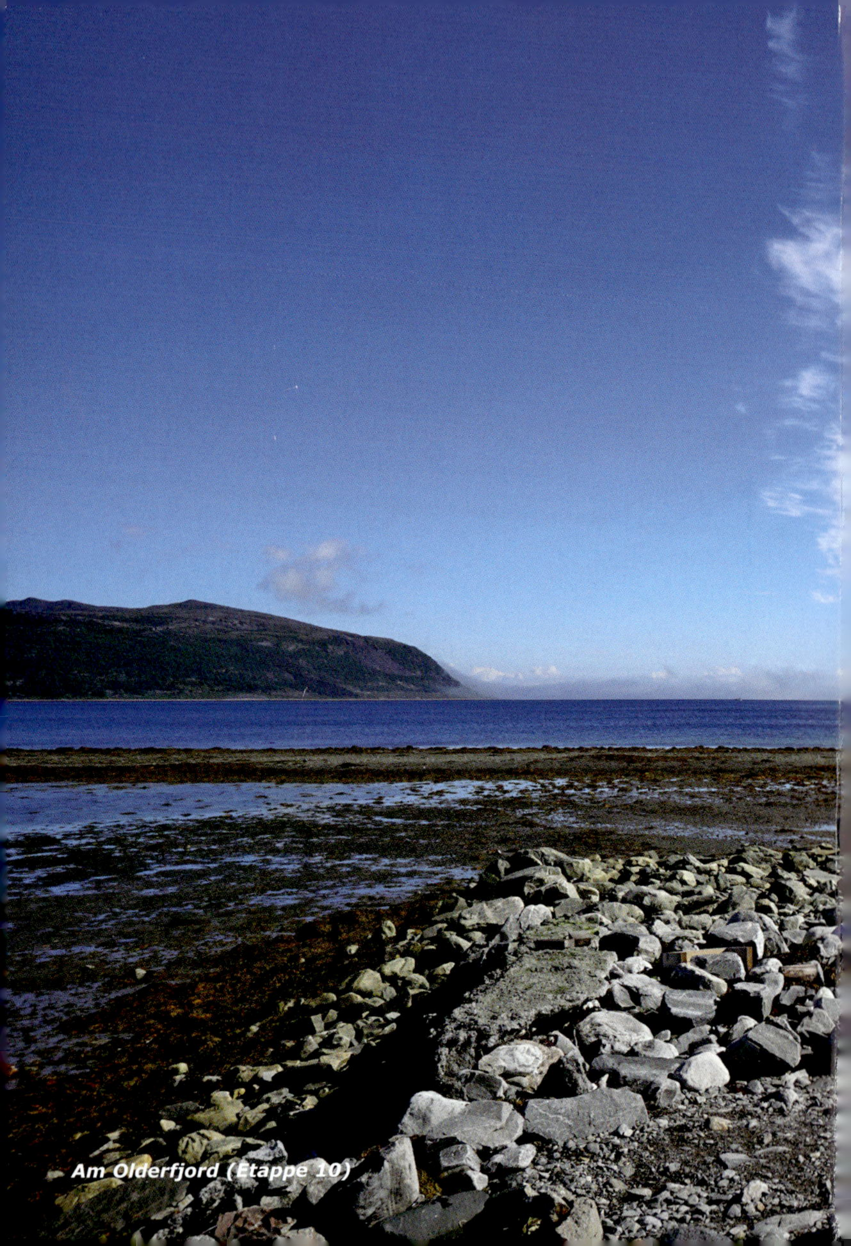

Am Olderfjord (Etappe 10)

Band 411

**OutdoorHandbuch**

Sara Anna Danielsson

# E1 Kautokeino – Nordkap

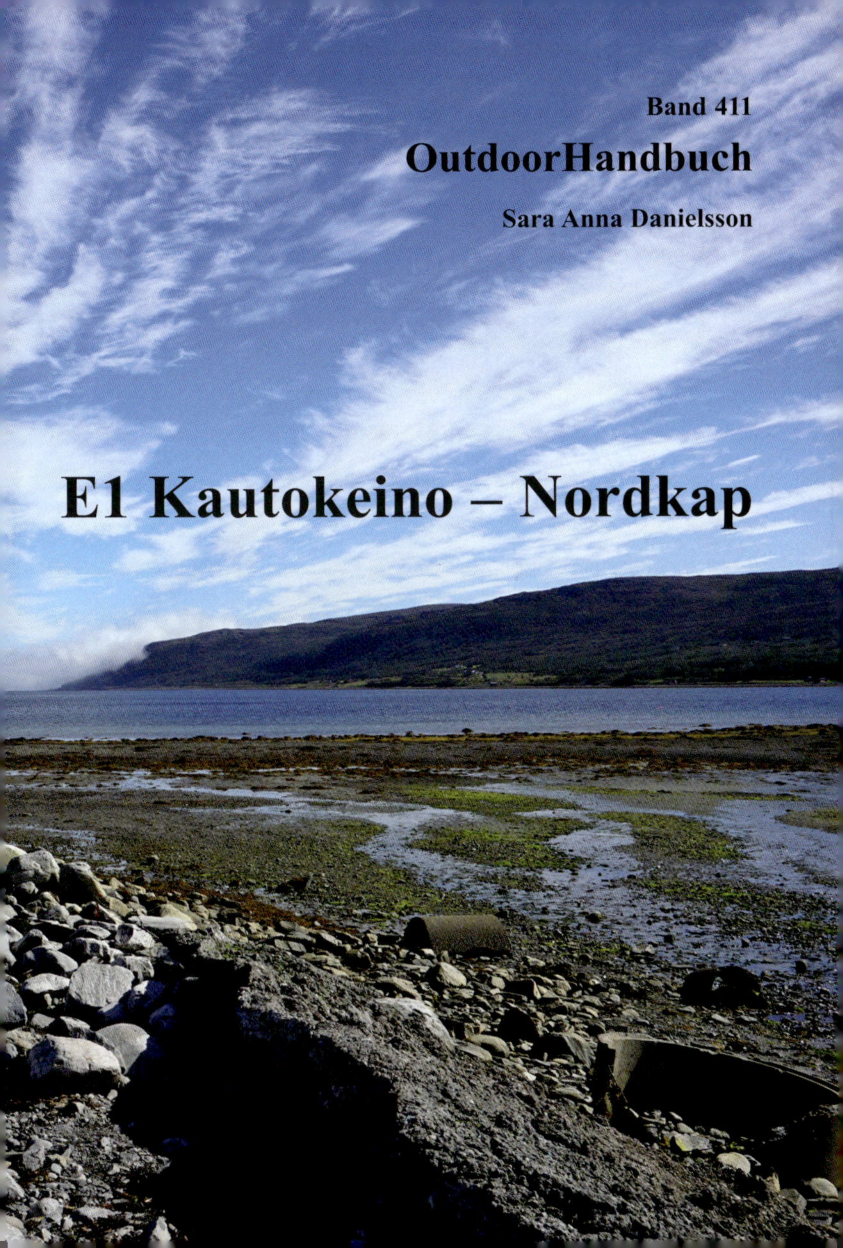

# E1 Kautokeino – Nordkap



Alle Informationen, schriftlich und zeichnerisch, wurden nach bestem Wissen zusammengestellt und überprüft. Sie waren korrekt zum Zeitpunkt der Recherche. Eine Garantie für den Inhalt, z.B. die immerwährende Richtigkeit von Preisen, Adressen, Telefon- und Faxnummern sowie Internetadressen, Zeit- und sonstigen Angaben, kann naturgemäß von Verlag und Autor - auch im Sinne der Produkthaftung - nicht übernommen werden.

Die Autorin und der Verlag sind für Lesertipps und Verbesserungen (besonders per E-Mail) unter Angabe der Auflagen- und Seitennummer dankbar.

Dieses OutdoorHandbuch hat 128 Seiten mit 42 farbigen Abbildungen sowie 22 farbigen Kartenskizzen im Maßstab 1:150.000, 25 farbigen Höhenprofilen und einer farbigen, ausklappbaren Übersichtskarte. Es wurde auf chlorfrei gebleichtem Papier gedruckt, in Deutschland klimaneutral hergestellt und transportiert und wegen der größeren Strapazierfähigkeit mit PUR-Kleber gebunden.

klimaneutral
natureOffice.com | DE-077-151104
gedruckt

Dieses Buch ist im Buchhandel und in Outdoor-Läden erhältlich und kann im Internet oder direkt beim Verlag bestellt werden.

OutdoorHandbuch aus der Reihe „Der Weg ist das Ziel“, Band 411

ISBN 978-3-86686-541-9 1. Auflage 2017



Text und Fotos: Sara Anna Danielsson
Karten: Heide Schwinn
Lektorat: Kerstin Becker
Layout: Manuela Dastig

Gesamtherstellung: Werbedruck GmbH Horst Schreckhase

Dieses OutdoorHandbuch wurde konzipiert und redaktionell erstellt vom:

Conrad Stein Verlag GmbH, Kiefernstr. 6, 59514 Welver,
☎ 023 84/96 39 12, FAX 023 84/96 39 13,
info@conrad-stein-verlag.de,
www.conrad-stein-verlag.de

Besuchen Sie uns bei Facebook & Instagram:

www.facebook.com/outdoorverlag

www.instagram.com/outdoorverlag

Titelfoto: Die Autorin auf dem Weg von Mazé nach Rágesluoppal.
(© Erik Gallneby)

# Inhalt

# Vorwort

Der Europäische Fernwanderweg E1 zieht sich der Länge nach durch Europa – von der Stadt Palermo auf Sizilien bis hin zum Nordkap in Norwegen. Dieser Wanderführer beschreibt den 330 Kilometer langen Abschnitt zwischen Kautokeino und dem Nordkap. Dieser faszinierende Wanderweg schließt an den bekannten Nordkalottleden an und bietet ein einmaliges Naturerlebnis in der Abgeschiedenheit Nordnorwegens. Dabei wird die Finnmarksvidda überquert, ein scheinbar endloses, sanft gewelltes Hochplateau, das sich zumeist 300 bis 500 m über dem Meeresspiegel befindet, aber auch einige herausfordernde Gipfel über 1.000 m zu bieten hat.

Dieses Handbuch beschreibt alle Etappen auf der Strecke von Kautokeino bis zum Nordkap, die erst im Sommer 2013 vollständig markiert und offiziell eröffnet wurde. Dieser Weg braucht sich vor seinen alteingesessenen Brüdern wie dem Kungsleden, dem Nordkalottleden und dem Padjelantaleden keineswegs zu verstecken und gewinnt bei Skandinavien-Enthusiasten stetig an Beliebtheit. Langstreckenwanderer sehen im Nordkap den ultimativen Start- oder Zielpunkt für ihre Tour durch das Fjäll, Skandinavien oder gar ganz Europa.

Für die gesamte Wanderung sollten mit An- und Abreise drei Wochen eingeplant werden, insbesondere wenn Sie auch noch Muße zum Genießen der Landschaft, zum Fotografieren und Angeln haben wollen. Es ist jedoch auch möglich, nur einen Abschnitt der Strecke zu gehen oder eine Tageswanderung entlang des E1 zu unternehmen.

Die Distanzen zwischen Unterkünften und Proviantierungsmöglichkeiten sind zum Teil beträchtlich, rechnen Sie damit, Essen für bis zu einer Woche auf einmal tragen zu müssen. Auch die Mitnahme eines Zeltes ist obligatorisch. Es gibt zwar Campingplätze, Hütten und Gasthäuser entlang des E1, doch es können, gerade im mittleren Teil der Strecke, mehrere Tage vergehen, an denen Sie weder eine Menschenseele noch ein Gebäude sehen werden. Gerade diese Herausforderungen jedoch machen die Wanderung auf dem E1 so faszinierend und einmalig.

Dieser Wanderführer bietet Ihnen eine Hilfe bei der Planung und Durchführung Ihrer Reise durch die Finnmark, einem Gebiet, das für den Wandertourismus noch als Neuland betrachtet werden kann. Daher finden sich im Internet wie auch in Buchform bisher nur sehr wenig Informationen.

An dieser Stelle möchte ich Ihnen noch wünschen, dass Ihre Reise zum nördlichsten Zipfel Europas ein unvergessliches Erlebnis wird und dass dieses Handbuch Ihnen den neu erschlossenen E1 Wanderweg ein wenig zugänglicher macht.

**Norden**

*Schaue öfter nach Norden.*
*Gehe gegen den Wind, Du bekommst rötere Wangen.*
*Finde den holprigen Weg. Folge ihm.*
*Er ist kürzer.*
*Norden ist am besten.*
*Die Flammenwirbel des Winters, die Wunder der Sommernächte*

*Gehe gegen den Wind, besteige Berge.*
*Schaue nach Norden.*
*Öfter*
*Dieses Land ist lang.*
*Das meiste ist Norden*

*- Rolf Jakobsen*
*(Übersetzung aus dem Norwegischen von der Autorin)*

Beeren und Moos

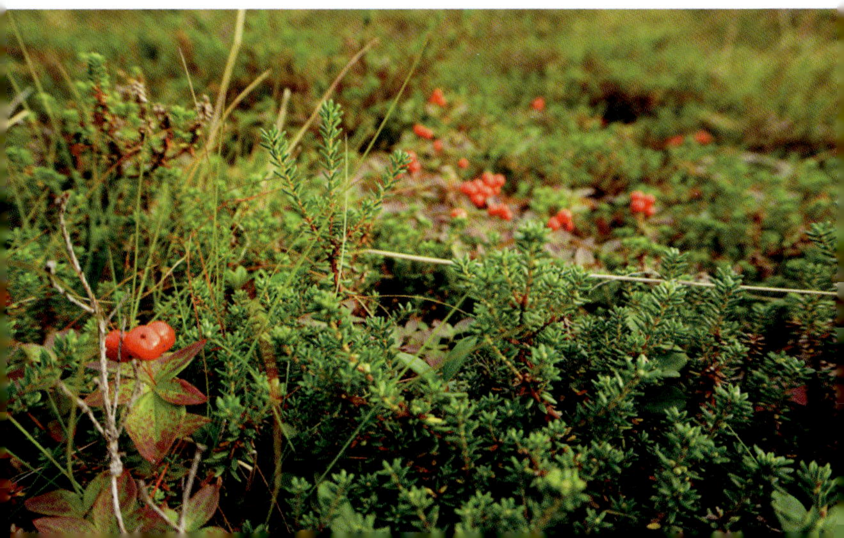

# Land und Leute

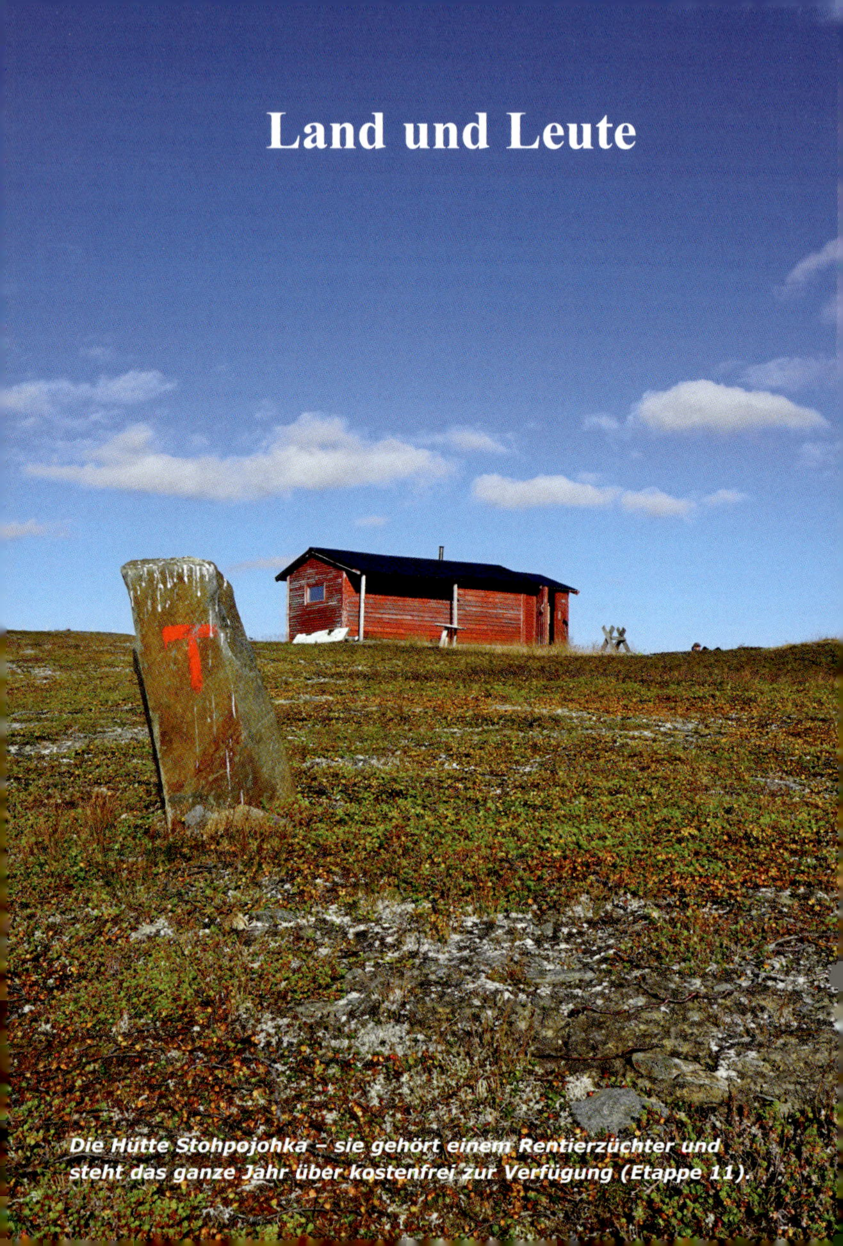

*Die Hütte Stohpojohka – sie gehört einem Rentierzüchter und steht das ganze Jahr über kostenfrei zur Verfügung (Etappe 11).*

# Geografie

Die gesamte Strecke des E1 von Kautokeino zum Nordkap liegt in dem norwegischen Verwaltungsbezirk (Norwegisch: *fylke*) Finnmark. Die Finnmark ist die flächenmäßig größte Region des Landes – und zugleich auch die am dünnsten besiedelte. Die Bevölkerungsdichte beträgt lediglich 1,5 Einwohner per km². Insgesamt leben ca. 75.000 Menschen hier.

Die bevölkerungsreichste Gemeinde (Norwegisch: *kommun*) ist Alta mit knapp 20.000 Einwohnern; in der Nordkap Gemeinde leben rund 3.200 Personen und in Kautokeino sogar nur 2.900 Einwohner. Die Gemeinde Kautokeino hat dabei eine Ausdehnung, in die das Saarland nahezu vier Mal hineinpasst, oder die Stadt Berlin ziemlich genau elf Mal. Sie können also eine Weite und Unberührtheit erleben, die sich in Europa nur an sehr wenigen Orten findet.

Die Geografie der Finnmark ist vielfältig und reicht von schroffer Felslandschaft hin zu geschützten Sandstränden am Meer, weiten, kargen Hochebenen (der *Vidda*) und saftig grünen Birkenwäldern.

Seit 2006 finden sich in der Finnmark 5 von Norwegens 34 Nationalparks: **Stabbursdalen**, in dem Sie den nördlichsten Kiefernwald der Welt bestaunen können; **Varangerhalvøya**, eine ausgedehnte Hochebene mit einer weit zurückreichenden Geschichte menschlicher Besiedelung durch die Samen; **Øvre Anárjohka**, ein Waldgebiet entlang der finnischen Grenze; **Øvre Pasvik**, ein dichter Kiefernwald nahe Russland mit einem reichen Bärenbestand und nicht zuletzt **Seiland**, eine harsche, steinige Insel, die Norwegens nördlichsten Gletscher beherbergt.

Der Kontrast zwischen den küstennahen Gebieten und dem Inland zeigt sich auch am Klima, das deutliche Unterschiede zwischen der wärmeren und windigeren Küstenregion und dem kalten, trockenen Binnenland aufweist. Im Jahr 2016 war die kälteste gemessene Temperatur -39,8 °C in Kautokeino, während es am Nordkap minimal -13,5 °C kalt wurde. Im Sommer wurde es am Nordkap mit 23,3 °C am wärmsten und in Kautokeino lag die Maximaltemperatur bei 26,5 °C. Die höchste gemessene Windgeschwindigkeit lag bei stolzen 99 km/h am Nordkap, verglichen mit lediglich 44 km/h in Kautokeino.

Die wichtigsten landwirtschaftlichen Flächen befinden sich in den Tälern, wo das Klima gemäßigter ist. Weiden und Felder finden sich hauptsächlich entlang der Flüsse Altaelv, Tanaelv und im Pasviktal.

# Flora & Fauna

Die Küste der Finnmark verfügt über einen reichen Bestand an Seevögeln, die in den steilen Klippen nisten und ihre Nahrung aus dem üppigen Angebot an Fisch in der Barentssee gewinnen. Hier finden sich unter anderem Papageitaucher, Tordalken, Sturmtölpel und Seeadler. Die zahlreichen Vogelarten machen die Finnmark zu einem reizvollen Ziel für Ornithologen.

In den Fjorden, die dank des Golfstroms auch im Winter eisfrei sind, tummeln sich Dorsche, Köhler, Königskrabben, Forellen und Lachse, Heilbutt, Steinbeißer und Hering, die nicht nur für die Seevögel ein attraktiver Fang sind. Die Finnmark beherbergt einige der besten europäischen Lachsflüsse. Wale, einschließlich Schweinswale, Buckelwale und Delfine, können oft entlang der Küste beobachtet werden. Schwertwale und Pottwale kreuzen die Gewässer Nordnorwegens ebenfalls.

*Angeln im See Iesjávri*

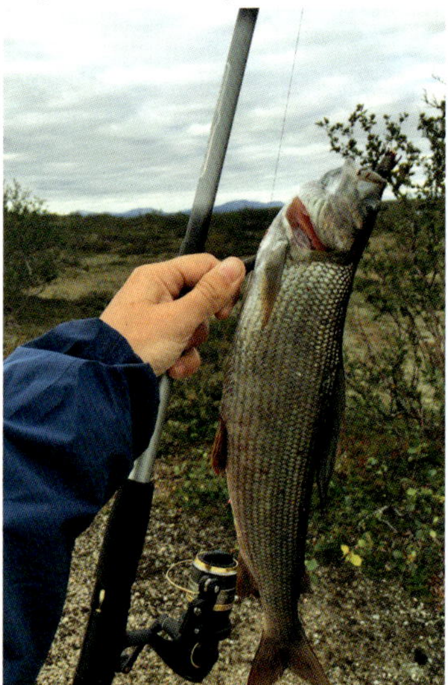

Während es einfach ist, Rentieren zu begegnen, die zu Hunderttausenden über die Hochebenen streifen, sind Elche recht selten und lassen sich meistens in den bewaldeten Gebieten antreffen. Auch von dieser Tierart leben mehrere Tausend in der Finnmark, von denen jeden Herbst bis zu 1.000 bei der Elchjagd geschossen werden.

Einen Blick auf die großen Raubtiere wie Bären, Vielfraße, Luchse und Wölfe zu erhaschen, ist schwierig. Es leben ungefähr 50 Bären in der Finnmark, wovon sich die meisten im Øvre Pasvik Nationalpark nahe der russischen Grenze aufhalten.

Kleinere Säugetiere auf der Finnmarksvidda sind unter anderem Schneehasen, Schneehühner, Füchse und Polarfüchse. In den Seen finden sich Hechte, Barsche, Äschen und natürlich auch Forellen.

Die Flora ist vor allem arktisch geprägt. Von der gesamten Fläche der Finnmark liegen nur 5 % über 600 m Höhe. Die höchsten Gipfel und dramatischsten Landschaften befinden sich im Westen und setzen sich nach Süden hin durch ganz Norwegen fort. Der überwiegende Teil der Region ist relativ flach, jedoch auf einer Höhe von 300 bis 500 m über dem Meeresspiegel gelegen – dies ist die Finnmarksvidda. Diese Hochebene ist eine alpine Tundra, eine baumlose Landschaft bestimmt durch Gräser, Moose und Flechten.

Die Vidda ist reich an Seen, Wasserläufen und Mooren. In Teilen der Finnmark findet sich Permafrost, der zumeist jedoch nur lückenhaft verteilt ist und weniger als die Hälfte des Unterbodens betrifft (sporadischer/diskontinuierlicher Permafrost).

Der Kiefernwald im Tal von Tana, in Karasjok und im Anárjohka Nationalpark ist verbunden mit den enormen finnischen Waldgebieten, während der Kiefernwald in Pasvik mit der russischen Taiga verknüpft ist.

## Die Samen

Die Samen sind die Urbevölkerung Skandinaviens und leben in Teilen Russlands, Norwegens, Finnlands und Schwedens. Das Gebiet, in dem sie leben, wird als Sápmi bezeichnet. Insgesamt gibt es ungefähr 100.000 Samen in allen vier Ländern, wovon der Großteil in Norwegen lebt. Zwischen 50.000 und 65.000 Samen haben norwegische Staatsbürgerschaft und immerhin 20.000 bis 35.000 Schweden identifizieren sich als Samen mit eigener Kultur und eigener Sprache. Diese sind jedoch nicht homogen, sondern regional unterschiedlich. Circa 10 % aller Samen arbeiten in der Rentierzucht, zudem sind zahlreiche Samen im Tourismusbereich aktiv, der in den letzten Jahren nördlich des Polarkreises stark an Popularität gewonnen hat.

In der Vergangenheit wurden die Samen stark unterdrückt und zum Teil gezwungen, ihre Identität abzulegen. Ihre Sprache und Religion wurden ihnen verboten und sie wurden zum Christentum und zum ausschließlichen Sprechen der nationalen Majoritätssprache gezwungen.

Heutzutage wird die samische Kultur als wertvolles Erbe betrachtet und von den verschiedenen Ländern finanziell und politisch unterstützt. Im norwegischen Karasjok befindet sich das transnationale samische Parlament, in dem alle Fragen, die die Urbevölkerung betreffen, behandelt werden.

Gerade in Norwegen sind die Rechte der Samen jedoch auch in der Gegenwart nicht unumstritten und in vielen Gesprächen mit Einheimischen ist Kritik gegenüber den Steuervorteilen der Samen und dem stetig steigenden Umfang der Rentierzucht zu erkennen. Bei diesen Konflikten geht es zumeist um die Rechte an den natürlichen Ressourcen, die wiederum mit ökonomischen Interessen verbunden sind.

# Reise-Infos von A bis Z

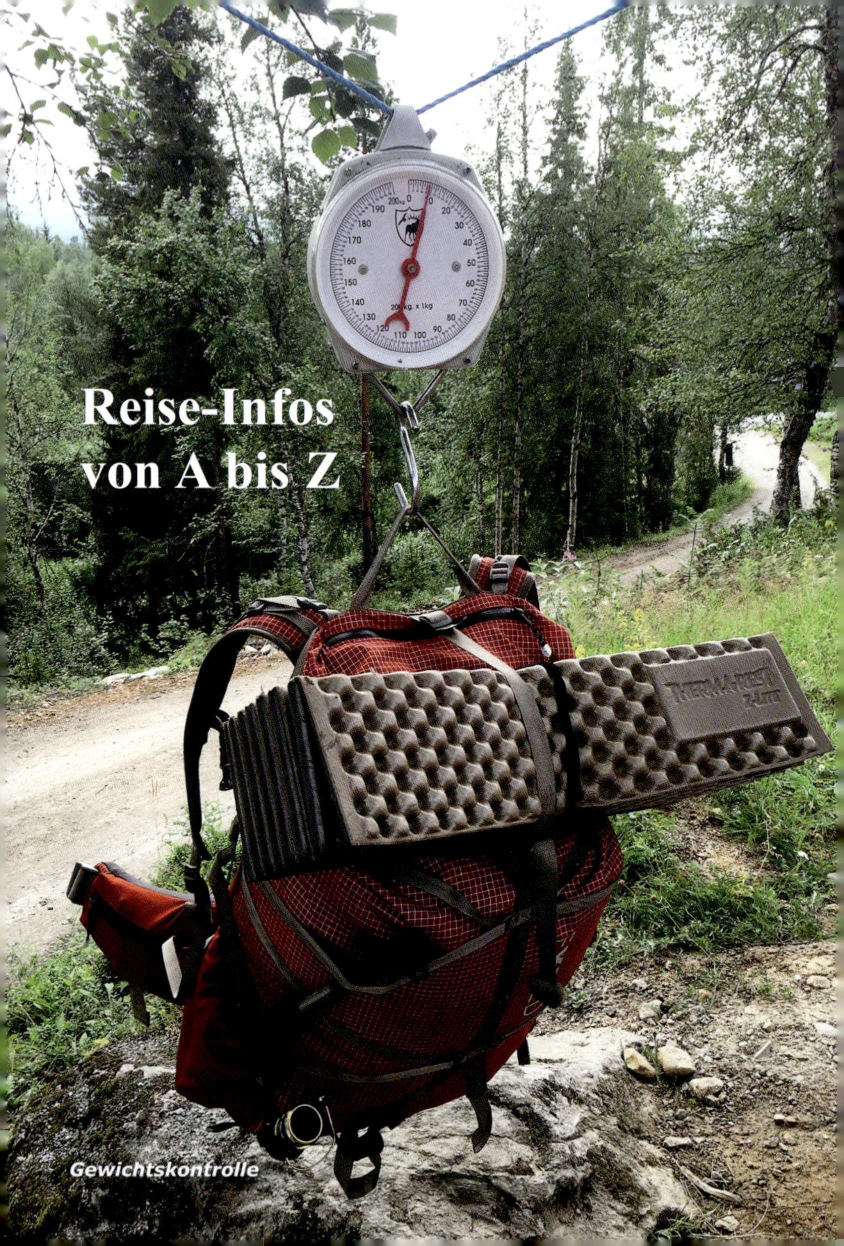

Gewichtskontrolle

# Angeln

Die Finnmark kann zu Recht als Paradies für Angler beschrieben werden. Es gibt unzählige Seen, Flüsse, Bäche und Fjorde, in denen sich die verschiedensten Fischarten tummeln. Die Weite und Unzugänglichkeit der Landschaft führt dazu, dass die meisten Gewässer über einen sehr erfreulichen Fischbestand verfügen. Die kurzen Sommer zwingen die Fische dazu, sich in kürzester Zeit genügend Fett für den Winter anzufressen, sie nutzen also jede Chance zuzubeißen – fantastische Bedingungen für Angler!

Die geläufigsten Fischarten im Süßwasser sind Lachsforellen (Norwegisch: ørret), Äsche (Norwegisch: harr), Flussbarsch (Norwegisch: abbor) und Hecht (Norwegisch: gjedde). In den Fjorden sind die Chancen auf Dorsch (Norwegisch: torsk) und Köhler (Norwegisch: sej) am besten. Das Meeresangeln für den privaten Bedarf ist im ☞ Jedermannrecht enthalten, es ist also keine Lizenz notwendig. In Nordnorwegen ist es keine Seltenheit, Dorsche von über 10 kg zu fangen. Damit ein Tier dieses Kalibers jedoch nicht mit Ihrer gesamten Ausrüstung davonschwimmt, sollten Sie eine entsprechend starke Angelrute und Sehne verwenden. Dies gilt auch für das Angeln von Lachsfischen in den Seen – schon eine Forelle von 1 Kilo kann eine zu dünne Sehne durchbeißen oder gar die Angelrute zerbrechen (die Autorin spricht hier aus eigener Erfahrung).

Im Gegensatz zu Deutschland ist in Norwegen kein Angelschein erforderlich, lediglich eine Lizenz, die unkompliziert im Internet erworben werden kann. Eine Wochenkarte, die den Zugriff auf mehr als 60.000 Gewässer erlaubt, kostet NOK 475, eine Jahreskarte NOK 715. Lachse zu angeln ist mit dieser Lizenz natürlich nicht erlaubt; dieser exklusive Sport, der nur an einigen Flüssen ausgeübt werden kann, hat deutlich strengere Regeln. Lizenzen sind sehr begrenzt und kosten bis zu NOK 2.000 pro Tag.

Bevor Sie Ihre bereits benutzte Angelausrüstung in Norwegen verwenden, müssen Sie Blinker und Angelhaken desinfizieren, um zu vermeiden, dass Sie Krankheiten einschleppen. Dies können Sie bereits zu Hause tun oder auch vor Ort. Zudem sollte sich das Angeln auf den täglichen Bedarf beschränken – mehr Fische aus dem Wasser zu ziehen, als Sie letztendlich verzehren können, schadet der Natur.

ℹ Hier finden Sie eine Liste mit allen Desinfektionsanlagen:
💻 www.fefo.no/no/fiske/Sider/Desinfiseringsstasjoner.aspx

- Weitere Informationen finden Sie ebenfalls auf 💻 www.fefo.no.
- Lizenzen können Sie auf 💻 www.natureit.no erwerben.

# Anreise

## Mit dem Flugzeug und Bus

Die Kombination aus der Anreise mit Flugzeug und Bus ist ohne Zweifel die schnellste und billigste Anreisemöglichkeit. Mit zwei bis drei Zwischenstopps können Alta und Honningsvåg von deutschen Flughäfen aus erreicht werden. Verbindungen gehen zumeist über Oslo oder Stockholm.

Der kleine Flughafen Honningsvåg liegt 30 km vom Nordkap entfernt und wird von der Fluggesellschaft Widerøe bedient. Um nach Kautokeino zu kommen, bietet sich der Flughafen in Alta an, der ebenfalls von Widerøe angeflogen wird. Alta ist 130 km von Kautokeino entfernt und es gibt von Montag bis Freitag Busverbindungen. Mit dem Bus ist auch die direkte Verbindung zwischen dem Nordkap und Alta möglich, was von Vorteil sein kann, da Flüge nach Alta zumeist günstiger sind als Flüge nach Honningsvåg. Zudem ist Alta der perfekte Startplatz und Endpunkt für das Abenteuer Finnmark: Hier können Sie Brennstoff für Ihren Kocher kaufen, in der Innenstadt bummeln oder sich im Whirlpool vom Schwimmbad *Nordlysbad* erholen.

Rechnen Sie mit rund € 300 bis 600 für die Hin- und Rückreise von Deutschland aus, je nach Zeitpunkt der Buchung und Saison.

www.flysas.com/de oder www.wideroe.no

Vom Flughafen Alta können Sie den Bus nach Kautokeino nehmen (Linie 202). Die Bushaltestelle liegt direkt vor dem Terminal. Es gibt unter der Woche zwei tägliche Abfahrten vom Flughafen Alta, jeweils um 15:00 und 18:20. Die Fahrzeit beträgt 2 Stunden und 15 Minuten. An den Wochenenden gibt es auf dieser Strecke leider keine Verbindung. Der Preis liegt bei NOK 150.

**Rückreise:** Von Kautokeino zurück zum Flughafen Alta können Sie montags bis freitags um 4:00 und 8:35 abfahren. Die Fahrtzeit beträgt ebenfalls 2 Stunden und 15 Minuten. An den Wochenenden fahren keine Busse.

Unter der Woche gibt es drei tägliche Abfahrten vom Flughafen Alta in Richtung Honningsvåg (Linie 062), jeweils um 9:20, 12:05 und 14:50. An Samstagen fährt lediglich um 14:50 ein Bus und an Sonntagen zwei Busse um 9:20 und 14:50. Mit dieser Buslinie sind Sie innerhalb von 2 Stunden in Olderfjord und in 3 Stunden 30 Minuten in Honningsvåg. Im Zeitraum vom 1. Mai bis 30. September fährt der früheste Bus bis zum Nordkap weiter, wo er um 13:35 ankommt. Die Busfahrt kostet NOK 390.

**Rückreise:** Vom Nordkap fährt im Sommer (1. Mai bis 30. September) täglich außer samstags um 14:20 ein Bus in Richtung Honningsvåg und Alta Flughafen. Ankunft am Flughafen in Alta ist um 18:50.

Start der Busse von Honningvåg nach Alta ist um 6:50, 9:15 und 15:00. Ankunft am Flughafen jeweils um 10:45, 13:10 und 18:50. An Samstagen gibt es keine Verbindungen, der Bus um 6:50 verkehrt nicht an Sonntagen.

Informationen zu aktuellen Fahrplänen finden Sie auf www.snelandia.no/rutetabeller und www.nordkapp.no/en/transportation

## Mit der Bahn

Das Streckennetz der Norwegischen Bahn endet im Norden in Bodø, das über 1.000 km vom Nordkap entfernt ist. Weiter südlich im Land ist das Streckennetz jedoch gut ausgebaut. Auch wenn es also nicht möglich ist, mit der Bahn bis in die Finnmark zu fahren, so könnten Sie eine Teilstrecke auf Schienen zurücklegen.

Mehr Informationen über die Bahn in Norwegen finden Sie auf www.nsb.no.

Eine Alternative ist der Nachtzug durch Schweden. Dieser verkehrt zwischen Stockholm und Kiruna und endet im norwegischen Narvik. Von der Stadt Narvik können Sie mit dem Bus weiter über Tromsø nach Alta fahren.

Von Norddeutschland ist es recht einfach, mit dem Zug nach Skandinavien zu reisen. Von Hamburg geht der ICE bis nach Kopenhagen und von hier aus können Sie nach Göteborg, Oslo oder Stockholm fahren.

Die Homepage der schwedischen Bahn ist www.sj.se.

## Mit dem eigenen Auto

Die Anreise mit dem Auto ist ganz klar weder die schnellste noch die billigste Alternative. Von Hamburg zum Nordkap sind es beispielsweise rund 2.700 km auf der kürzesten Route, die auf der E4 durch Stockholm und Luleå in Schweden führt. Von Norddeutschland über die norwegische Atlantikküste auf der E6 zum Nordkap legen Sie rund 4.000 km zurück. Dies ist selbstverständlich eher ein Abenteuer für sich, anstatt lediglich einer Anreise. Wenn Sie genügend Zeit haben, kann die Fahrt natürlich eine fantastische Verlängerung des Abenteuers Skandinavien sein.

Während die Autobahnen und Landstraßen in Schweden umsonst sind, kosten zahlreiche Abschnitte der E6 und anderer Straßen durch Norwegen Maut.

Informationen hierzu finden Sie auf www.autopass.no.

Um mit dem Auto nach Skandinavien überzusetzen, kann sich die Fähre von Kiel nach Oslo empfehlen. www.colorline.de

Alternativ können Sie über die Groß-Belt-Brücke und die Öresundbrücke nach Schweden fahren. Beide Brücken sind mautpflichtig.

www.storebaelt.dk/deutsch www.oresundsbron.com/de

## Mit der Fähre

Honningsvåg wird in den Sommermonaten von unzähligen Kreuzfahrtschiffen angelaufen, darunter auch die bekannten Hurtigruten. Diese ehemalige Postschifflinie verbindet Bergen, im Südwesten Norwegens, mit Kirkenes, nahe der russischen Grenze und läuft auf dem Weg mehrere Dutzend Häfen an. Eine Reise von Bergen nach Honningsvåg kostet in der Sommersaison für zwei Personen ohne Auto mindestens € 1.300 und dauert vier Tage. Nach oben hin sind den Preisen in der Hochsaison, je nach Ausstattung des Schiffes und der gebuchten Kabine, kaum Grenzen gesetzt. Im Winter können Sie die gleiche Reise schon für ein Drittel des Preises buchen.

www.hurtigruten.de

*Die Hurtigruten*

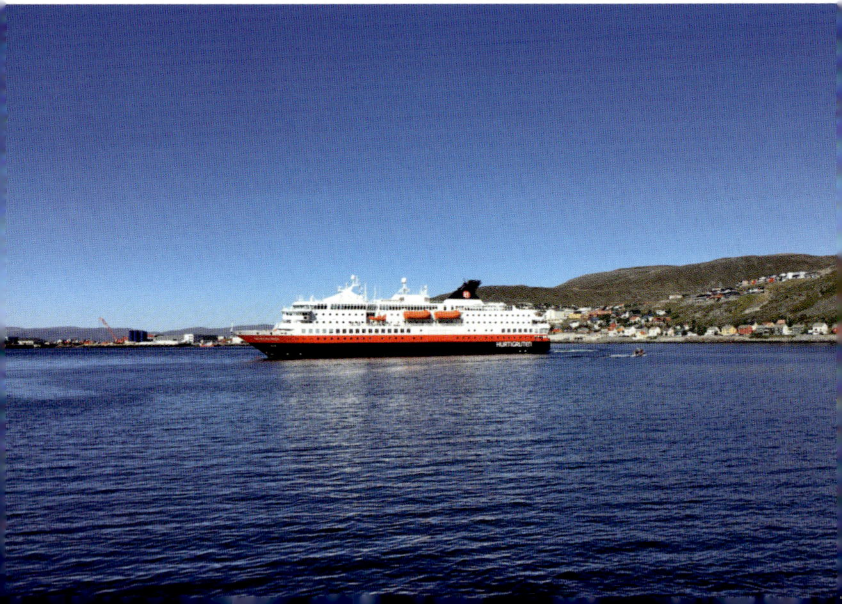

# Ausrüstung

Eine gute Ausrüstung ist ein Muss auf dieser Wanderung, da Sie abschnittsweise weit von der nächstgelegenen Straße entfernt sein werden. Wenn Ihnen in einer stürmischen Nacht eine Zeltstange bricht oder aber der Gaskocher plötzlich nicht mehr funktioniert, werden Sie damit wahrscheinlich einige Tage leben müssen. Bekleidung, Proviant und Ausrüstung sind also drei Komponenten, die gut überlegt sein wollen.

Es gibt zwar einige Übernachtungsmöglichkeiten entlang der Route, jedoch zu wenige, um das Zelt zu Hause lassen zu können. Zudem bieten einige Unterschlüpfe lediglich Platz für zwei bis fünf Personen, weshalb Sie sich auf einen Schlafplatz in diesen Unterkünften nicht verlassen sollten.

Die folgende Ausrüstungsliste soll beim Packen als Leitfaden dienen, die individuellen Präferenzen sind natürlich von Person zu Person unterschiedlich. Überlegen Sie selbst gut, was Sie als wichtig erachten, und testen Sie alle Bestandteile Ihrer Ausrüstung bereits daheim. Vermeiden Sie, Dinge einzukaufen oder mitzunehmen, die auf der Wanderung nur ein zusätzliches Gewicht im Rucksack sein werden.

Nicht alles Zubehör, das in den Outdoor Shops angeboten wird, ist eine Notwendigkeit! Setzen Sie sich eine Priorität: Wollen Sie eher mit einem leichten Rucksack weit und mühelos wandern, oder aber luxuriös leben, wenn Sie Ihr Lager aufgeschlagen haben? Beide Optionen haben ihre klaren Vorteile, sind jedoch nicht kompromisslos miteinander vereinbar.

Zu diesen Kleinigkeiten, die den Rucksack am Ende zu einer Bürde machen, gehören typischerweise zu viel Wechselkleidung, schwere Küchenutensilien und zu große Mengen an Flüssigkeiten wie Duschgel, Shampoo, Spülmittel, Handwaschmittel, Deo und Cremes. Auch wenn es Ihnen zunächst suspekt vorkommt, so ist es doch eine Option, direkt aus dem Topf zu essen und sich selbst, das Geschirr und schmutzige Kleidung mit Shampoo zu reinigen. Ein Paar Socken und eine Unterhose zum Wechseln sind genug und trocknen nach dem Waschen schnell, wenn sie an den Rucksack gehängt werden. Was und wie schwer man bereit ist zu tragen, sollte letztendlich jedoch das eigene Ermessen bestimmen. Was dem einen unentbehrlich ist, kann ein anderer als nutzlos ansehen.

## Die großen 3

- ☐ Rucksack – 50-90 l Volumen, dem Gewicht Ihrer Ausrüstung angepasst
- ☐ Zelt – Unter 2 kg pro Person, sollte frischen Wind aushalten können
- ☐ Schlafsack – Komforttemperatur rund 0°C, Ihrem Körper angepasst

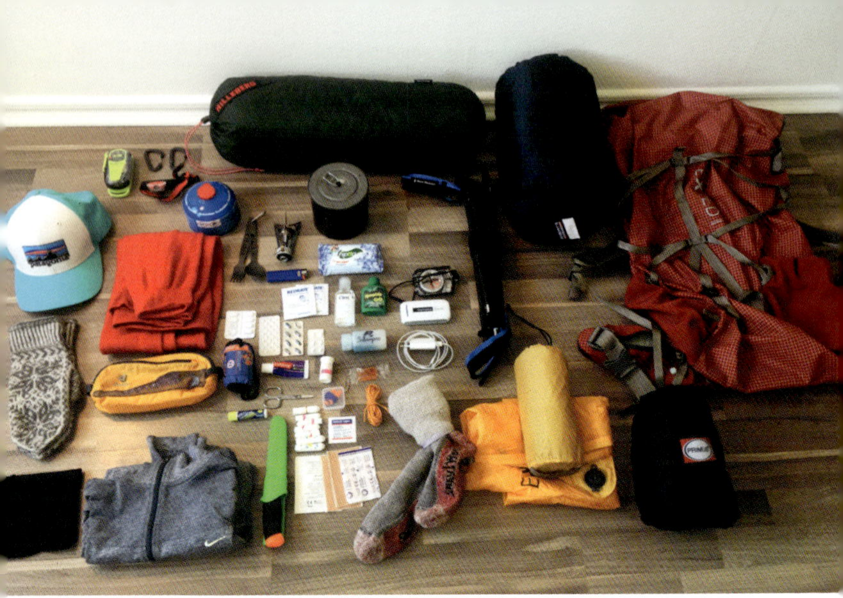

*Ausrüstung*

## Weitere Grundausstattung

- ☐ Isomatte – Aufblasbar, selbstaufblasend oder aus Schaum
- ☐ Stirnlampe – Erst ab Mitte August notwendig
- ☐ Messer – Alternativ Multifunktionswerkzeug
- ☐ Feuerzeug: Alternativ Streichhölzer/Feuerstahl
- ☐ Navigation – Karten, Kompass und eventuell GPS
- ☐ Erste Hilfe – Medikamente und Verbandszeug, mit dem Sie sich auskennen
- ☐ Kulturbeutel – Hygiene-Artikel, Sonnencreme, Mückenschutz
- ☐ Reparaturset – Starkes Klebeband, Nähzeug, ...
- ☐ Sonnenbrille
- ☐ Regenschutz – Regenüberzug für den Rucksack, alternativ wasserdichte Beutel

## Kochen und Essen

- ☐ Kocher – Für Gas-, Benzin-, Spiritus- oder Trockenbrennstoff
- ☐ Brennstoff – Gaskartusche, Brennstoffflasche, Esbit
- ☐ Topf – Sollte an das Volumen Ihrer Mahlzeiten angepasst sein
- ☐ Besteck – Spork oder Besteck aus leichtem, bruchfestem Material
- ☐ Trinkflasche – 1 l ist ausreichend

## Kleidung

- ☐ Unterwäsche – Kurze und lange Unterwäsche aus Merinowolle oder Kunstfaser
- ☐ Fleecepullover – Warm und schnelltrocknend, niemals Baumwolle
- ☐ Regenjacke – Gore-Tex und ähnliche Materialien (Wassersäule >10.000 mm)
- ☐ Hose – Wanderhose, Softshell und/oder Regenhose
- ☐ Daunenjacke – Alternativ Kunstfaserjacke oder extra Wollpullover
- ☐ Accessoires – Handschuhe, Kopfbedeckung, Gamaschen
- ☐ Socken – Aus Merinowolle oder Kunstfaser
- ☐ Schuhe – Wanderschuhe oder -stiefel, Schuhe zum Waten

## Optional

- ☐ GPS – Inklusive Batterien
- ☐ Mobiltelefon – Mit Ladegerät und evtl. Extrabatterie
- ☐ Kamera – Inklusive Batterien
- ☐ Angelausrüstung – Inklusive Blinker, Angelhaken, etc.
- ☐ Wanderstöcke – Entlasten die Knie
- ☐ Schlafmaske – Falls Ihnen die Mitternachtssonne Probleme bereitet
- ☐ Geschirr – Becher, Teller, Schale, Thermoskanne, etc. nach Geschmack

# Diplomatische Vertretungen

## Botschaften in Norwegen

(D) Botschaft der Bundesrepublik Deutschland, Oscars gate 45, 0244 Oslo,
☏ 47/23 27 54 00, ✉ info@oslo.diplo.de

(A) Österreichische Botschaft Oslo, Thomas Heftyes gate 19-21, 0244 Oslo,
☏ 47/22 54 02 00, ✉ oslo-ob@bmeia.gv.at

(CH) Schweizerische Botschaft Norwegen, Bygdøynesveien 13, 0244 Oslo,
☏ 47/22 54 23 90, ✉ osl.vertretung@eda.admin.ch

## Norwegische Botschaften in Ihrem Land

(D) Königliche Norwegische Botschaft in Deutschland, Rauchstraße 1, 10787 Berlin,
☏ 49/30 50 50 58 600, ✉ emb.berlin@mfa.no

(A) Königlich Norwegische Botschaft in Österreich, Reisnerstraße 55-57, 1030 Wien,
☏ 43/17 16 60, ✉ emb.vienna@mfa.no

(CH) Königlich Norwegische Botschaft in der Schweiz, Bubenbergplatz 10, 3011 Bern,
☏ 41/31 310 55 55, ✉ emb.bern@mfa.no

# Europäischer Fernwanderweg E1

Die Strecke von Kautokeino zum Nordkap ist Teil des Netzwerkes der Europäischen Fernwanderwege. Der E1 streckt sich über stolze 7.000 km vom Nordkap bis in die Stadt Scapoli in Süditalien, soll jedoch bis nach Sizilien ausgebaut werden. Vom Nordkap verläuft der Wanderweg durch Norwegen, Finnland und Schweden bis hinunter ans Kattegat, wo er nach Dänemark übergeht. In Deutschland verläuft der E1 durch Flensburg, Hamburg, Frankfurt am Main und Konstanz, überquert dann die Alpen und trifft im italienischen Genua erneut aufs Meer. Von hier soll er schließlich über die Städte Salerno und Palermo sein südliches Ende erreichen.

Diese Wanderung in ihrer gesamten Länge zu bestreiten, ist ein Unterfangen, dem sich nur wenige stellen. Mit einer durchschnittlichen Distanz von 20 km pro Tag wären Sie dennoch ein ganzes Jahr unterwegs. Zudem sind nicht alle Abschnitte so wanderfreundlich ausgebaut, wie es wünschenswert wäre – kein Wunder bei so einem riesigen, internationalen Projekt. Das Wandern von langen Distanzen, die oft eine gesamte Sommersaison in Anspruch nehmen, ist jedoch stark im Kommen. In den USA sind es vor allem die Fernwanderwege Pacific Crest Trail (PCT) und Appalachian Trail (AT), die Wanderbegeisterte zu Tausenden anlocken. Auch diese Wanderungen sind mehrere Tausend Kilometer lang und nehmen Monate in Anspruch. Doch das Komplettieren eines gesamten Wanderweges ist es vielen Outdoor-Enthusiasten wert, eventuell sogar ihren Job und ihre Wohnung aufzugeben. In Nordeuropa ist die Wanderung durch Norwegen, *Norge på langs* genannt, eine immer beliebtere Herausforderung. Diese Wanderung verläuft zwischen dem Nordkap und Lindesnes, der südlichsten Spitze des Landes, und damit zu Teilen auch auf dem E1.

☺ Sowohl der E1 als auch *Norge på langs* können von Norden nach Süden als auch umgekehrt gewandert werden und sind in beide Richtungen markiert.

💻 Mehr Informationen zu dieser Tour, Rekorden und zu möglichen Streckenführungen finden Sie auf 💻 www.norgepaalangs.info.

Der Fernwanderweg E1 verläuft in Skandinavien überwiegend auf bereits zuvor existierenden Wanderwegen und teilt seine Streckenführung unter anderem mit dem Kungsleden, Nordkalottleden und Padjelantaleden. Die Wanderung lässt sich in mehrere Abschnitte aufteilen:

- ▷ **Nordkap – Kautokeino**: 330 km, 15 Etappen. Markiert.
- ▷ **Kautokeino – Kilpisjärvi**: 190 km, 10 Etappen. Markiert. Identisch mit dem Nordkalottleden.

📖 Einen Wanderführer für die Strecke von Kautokeino über Kilpisjärvi nach Abisko und Kvikkjokk finden Sie ebenfalls im Conrad Stein Verlag. Skandinavien: Nordkalottleden (Band 172) von Michael Hennemann. ISBN 978-3-86686-172-5

▷ **Kilpisjärvi – Abisko**: 190 km, 10 Etappen. Markiert. Identisch mit dem Nordkalottleden.

▷ **Abisko – Sulitjelma**: 310 km, 17 Etappen. Markiert. Abschnittsweise identisch mit dem Nordkalottleden, Padjelantaleden und Kungsleden. Auf diesem Abschnitt besteht aufgrund der Vielzahl der Wanderwege die Möglichkeit, die Strecke auf 210 km zu verkürzen.

📖 Für die Strecke zwischen Abisko und Vakkotavare können Sie das Handbuch Kungsleden des Conrad Stein Verlags von Michael Hennemann zur Hilfe nehmen (Band 18, ISBN 978-3-86686-445-0). Den Abschnitt von Ritsem nach Sulitjelma finden Sie in dem oben genannten Nordkalottleden-Wanderführer.

▷ **Sulitjelma – Børjefjell Nationalpark:** 380 km, 22 Etappen. Markiert. Identisch mit dem Wanderweg Nordlandsruta, der die norwegische Region Nordland durchquert.

▷ **Børjefjell Nationalpark – Grövelsjön**: 670 km, 32 Etappen. Teilweise markiert. Innerhalb des Børjefjell Nationalparks gibt es keine markierten Wanderwege. Weiter südlich ist die Markierung wechselnd und nicht durchgängig. Zwischen Trondheim und Grövelsjön liegt ein beliebtes Wandergebiet und die Wege sind deutlich und gut markiert.

▷ **Von Grövelsjön nach Varberg** folgt der E1 nur schwedischen Wanderwegen im Flachland. Dies sind unter anderem der Bergslagsleden, Västra Vätternleden, Sjuhäradsleden, Vildmarksleden, Bohusleden und Hallandsleden. Von Varberg geht es mit der Fähre nach Grenaa in Dänemark. Ab Grövelsjön ist der E1 einfacher zu wandern, da die Berge nun hinter Ihnen liegen und die Möglichkeiten für Unterkunft und Verpflegung aufgrund der Nähe zu Städten und Straßen zahlreicher werden.

## Flussüberquerungen

Im Laufe Ihrer Wanderung auf dem E1 wird es immer wieder zu Flussüberquerungen kommen. Insbesondere kurz nach der Schneeschmelze oder nach heftigen Regenfällen können diese eine Herausforderung sein. Suchen Sie nach einer geeigneten Übergangsstelle, an der der Fluss breit und flach ist und das Ufer kein Hindernis darstellt. Die T-Markierungen bieten immer einen passenden und bewährten Start- und Zielpunkt zum Furten an. Folgen Sie den Markierungen jedoch nicht unbesonnen, sondern seien Sie achtsam, falls der Wasserstand hoch ist. Behalten Sie Ihre Schuhe an (Sie können die Innensohle herausnehmen und auch die Socken ausziehen) und öffnen Sie den Hüft- sowie Brustgurt Ihres Rucksacks.

Barfuß zu gehen, scheint zunächst vielleicht eine gute Möglichkeit zu sein, um die Schuhe trocken zu halten, kann jedoch dazu führen, auf glatten Steinen auszurutschen, sich zu verletzen oder aufgrund der niedrigen Wassertemperatur jegliches Gefühl in den Füßen zu verlieren. Dies gilt besonders, wenn Sie Ihren schweren Rucksack aufhaben.

Denken Sie darüber nach, ein zusätzliches Paar Schuhe zum Waten und für abends mitzunehmen. Dies sind idealerweise Schuhe, die sich nicht mit Wasser vollsaugen und tagelang schwer und nass bleiben. Sandalen oder Crocs aus Gummi haben sich als eine gute Lösung erwiesen. Flip-Flops können Sie in Gewässern mit Strömung hingegen leicht verlieren, weil diese an der Ferse nicht geschlossen sind.

Eine andere Alternative, die in die Lightweight-Richtung geht, ist, mit Turnschuhen, die für Geländeläufe gedacht sind, zu wandern. Diese werden zwar durch und durch nass, aber trocknen auch schnell wieder, sind leicht, bequem und Sie sparen es sich, ein zweites Paar Schuhe herumzutragen.

Falls Sie doch in einen Fluss fallen, ist es wichtig, sich schnell vom Rucksack befreien zu können, denn dieser wird wie ein Korken an der Oberfläche treiben und Sie werden dadurch nach unten gedrückt – eine sehr gefährliche Situation. Eine große Hilfe beim Waten sind Ihre Wanderstöcke: Tasten Sie sich mit diesen schräg gegen die Strömung voran, ohne in Hektik zu geraten.

# Geld

Norwegen ist nicht Mitglied der EU und es wird in Norwegischen Kronen (NOK) bezahlt. Die Wechselkurse ändern sich permanent, vor allem aufgrund der schwankenden Ölpreise, von denen die Wirtschaft des Landes sehr abhängig ist. Zurzeit entspricht ein Euro rund NOK 9,43 und eine Schweizer Franke NOK 8,51 (Stand: Mai 2017).

In allen Bussen, Hotels und Supermärkten ist es in Norwegen Standard, die EC- oder Kreditkarte zu verwenden, nur noch ein Bruchteil der Bezahlungen werden mit Bargeld getätigt und das Land strebt danach, das Geldwesen innerhalb der nächsten Jahre komplett zu digitalisieren.

Entlang des E1 kommen Sie an einigen Hütten vorbei, die nicht an die technische Infrastruktur angeschlossen sind, und daher weder über Strom noch Internet verfügen – hier können Sie in jedem Falle weiterhin mit Bargeld bezahlen.

BANK Einen Bankautomaten finden Sie an den Flughäfen und in den größeren Orten wie Alta, Honningsvåg und Kautokeino.

# GPS

Ein GPS-Gerät, oder eine entsprechende Navigations-App auf dem Handy, kann die Navigation erleichtern. Im Gegensatz zu einer Papierkarte ist hier direkt zu sehen, wo Sie sich befinden, selbst im Nebel oder in der Dunkelheit. Die Wegführung auf dem E1 ist aufgrund des offenen Geländes generell einfach und die Markierung sehr gut. Bei schlechter Sicht oder falls Sie sich doch verirrt haben, ist ein GPS eine fantastische Hilfe. Keinesfalls sollte die Elektronik jedoch eine Papierkarte ersetzen, denn diese benötigt keine Batterien und kann nicht kaputt gehen. Es ist zu empfehlen, Karte und Kompass als Routine zu verwenden, sodass Sie im Ernstfall mit diesen vertraut sind. Das GPS kann zum Abgleichen der Position und zum Ansehen verschiedener Statistiken Ihrer Wanderung verwendet werden.

Die GPS-Tracks für die Wanderung auf dem E1 finden Sie unter www.sara-danielsson.com/e-1/ oder auf der Internetseite des Verlags (www.conrad-stein-verlag.de).

# Hütten

Die Region Finnmark und speziell der E1 sind für den Wandertourismus noch so unerschlossen, dass es nur gelegentlich eine Hütte entlang des Weges gibt. Übernachtungsmöglichkeiten gibt es, abgesehen von den Ortschaften, nur an fünf Stellen: auf dem Hof Rágesluoppal, in der Mollisjok Fjellstue, (ein bewirtschaftetes Gasthaus), in den offenen Hütten Stohpojohka (vier Betten) und Várdánčohkka (zwei Betten) und in der Bojobæski Hütte des DNT. Wenn Sie die Alternative westlich des Sees Iešjávri wählen (Etappe 6A), so kommen Sie zudem an der bewirtschafteten Hütte Jotka Fjellstue vorbei.

Der DNT, *Den Norske Turistforeningen*, unterhält Hunderte von Hütten über das gesamte Land verteilt, zumeist im Gebirge. Der Großteil dieser Hütten ist mit einem Standardschlüssel verschlossen. Ob es sich für Sie lohnt, Mitglied zu werden und einen Schlüssel für NOK 100 permanent zu leihen, hängt davon ab, wie oft Sie in Norwegen auf Tour sind. Allein für eine Nacht Aufenthalt in der Bojobæskihytta lohnt sich dies jedoch wohl kaum. Auch bekommen Mitglieder Vergünstigungen für Landkarten (☞ Kartenmaterial). Falls Sie bereits Mitglied in der schwedischen Touristenvereinigung STF sind, können Sie den Schlüssel auch mit dieser Mitgliedsnummer bestellen.

www.dntbutikken.no

Das System der unbemannten norwegischen Hütten baut auf dem Prinzip des Vertrauens auf. Niemand ist hier, um zu kontrollieren, ob Sie sich in das Gästebuch eintragen, ob Sie am Abreisetag sauber machen und die Tür am Ende wieder hinter sich zuschließen. In zahlreichen Hütten im südlichen Teil Norwegens gibt es sogar einen offen zugänglichen Vorrat an Proviant, aus dem Sie sich frei bedienen können. Den Preis der Lebensmittel setzen Sie dann auf Ihre eigene Rechnung.

Es ist möglich, seinen Besuch zu unterschlagen und einfach nicht zu bezahlen, und in vielen anderen Ländern würde dies sicher auch passieren. Von mutwilliger Zerstörung einmal ganz abgesehen.

Die über 500 Hütten des DNT in Norwegen werden von diesem Schicksal jedoch weitestgehend verschont. Dies ist ein bemerkenswertes Zeichen der skandinavischen Kultur und Sie sollten dazu beitragen, diese Vertrauensbasis zu erhalten! Behandeln Sie das Inventar mit Umsicht, packen Sie nicht mehr Holzscheite in den Ofen als wirklich notwendig und hinterlassen Sie die Hütte genau so (oder besser), wie Sie sie vorgefunden haben.

## Information

Auf Visit Norway bekommen Sie generelle Informationen über das Reisen nach und in Norwegen. Hier können Sie Aktivitäten in der Finnmark buchen oder Inspiration für Ausflugsziele und Unterkünfte finden.

ℹ Innovation Norway, Caffamacherreihe 5, 20355 Hamburg, ☎ 49/402 29 41 50, germany@innovasjonnorge.no, www.visitnorway.de

Der DNT bietet Informationen zum E1 Wanderweg, den mehr als 500 norwegischen Berghütten und auch organisierte Wanderungen in der Finnmark. Hier können Sie auch den Schlüssel für die Hütten und Kartenmaterial bestellen.

ℹ Den Norske Turistforeningen Youngstorget 1, 0181 Oslo, ☎ 47/40 00 18 68, info@dnt.no, www.dnt.no

## Allemansretten (Jedermannrecht)

In Norwegen, wie auch in Schweden und Finnland, gilt das Jedermannrecht, das Ihnen erlaubt, sich frei in der Natur zu bewegen. Sie haben jedoch nicht nur Rechte, sondern auch Pflichten. Diese lassen sich durch den Leitsatz **Nicht stören, nicht zerstören** zusammenfassen. Es ist Ihnen erlaubt, in der Natur zu rasten und zu übernachten, zu baden, zu paddeln, zu rudern oder zu segeln, Beeren, Pilze und

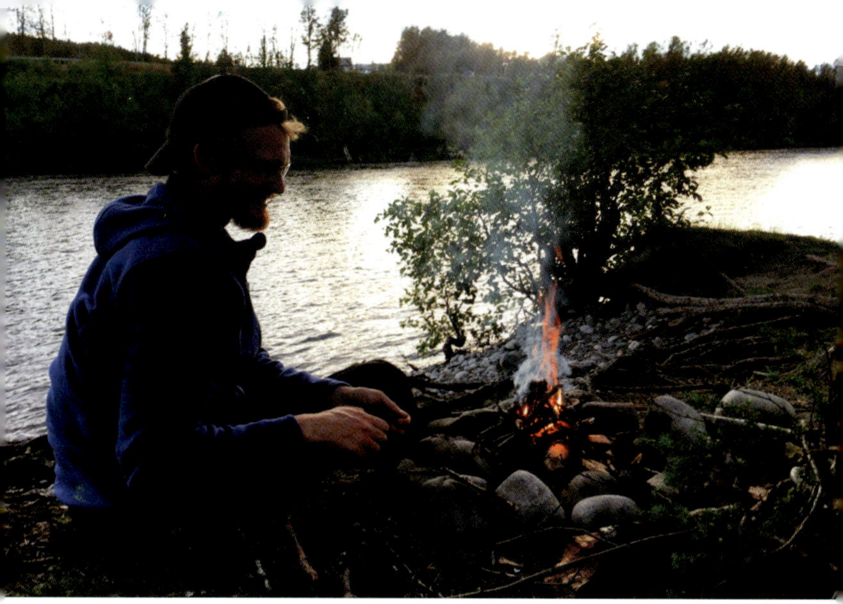

*Jedermannrecht: Nicht stören, nicht zerstören!*

Blumen zu pflücken und im Meer ohne Angelschein zu angeln. Halten Sie sich jedoch stets an lokale Regeln und Einschränkungen und hinterlassen Sie nichts als Ihre Fußspuren.

Zwischen dem 15. April und dem 15. September herrschte in Norwegen bis 2015 ein generelles Verbot, im Wald und Flur ein Feuer zu machen. Dieses Verbot ist nun aufgehoben worden und es wird stattdessen daran appelliert, seine gesunde Vernunft zu verwenden. Beim Entzünden eines Lagerfeuers auf einem trockenen Untergrund kann es zu Schwelbränden kommen, die tage- oder sogar wochenlang unter der Erdoberfläche wüten und große Flächen zerstören können. Abgesehen davon kann es natürlich auch zu gewöhnlichen, unkontrollierbaren Feuern kommen, besonders an windigen Tagen und wenn es längere Zeit nicht geregnet hat.

Dennoch ist ein Lagerfeuer eine anheimelnde Möglichkeit, einen Abend in freier Natur zu verbringen. Es bietet Ihnen Wärme und Licht, die Möglichkeit zu kochen, Kleidung zu trocknen, Wasser abzukochen und hält zudem die Mücken fern. Wenn Ihnen der Sinn nach einem gemütlichen Feuer steht, so beachten Sie Folgendes:

▷ Es ist nicht erlaubt, lebende oder tote Bäume und Sträucher zu fällen oder Äste abzusägen. Sammeln Sie Feuerholz von den Zweigen, die auf dem Boden liegen, im Birkenwald haben Sie auf diese Art und Weise sehr schnell genug Holz für ein Feuer zusammen. Tote Bäume, ob stehend oder auf dem Grund liegend, sind unentbehrlich für die Vielfalt in Flora und Fauna und kein Feuerholz.

- Birkenrinde lässt sich ausgezeichnet als Zunder verwenden und ist die natürlichste Variante, ein Feuer in Gang zu bekommen. Verwenden Sie die Borke, die lose von den Stämmen hinabhängt und gehen Sie von Baum zu Baum. Mit dem Messer die gesamte Rinde eines Stammes abzuschälen ist ein wirkliches No-Go, von dem man leider in zahlreichen Wäldern Spuren sieht.
- Bauen Sie keine Feuerstellen mit Steinen. Auf der Finnmarksvidda finden sich an vielen Stellen alte Feuerstellen der Samen, die auf frühere Lagerplätze hinweisen. Sie können diese bereits existierenden Steinkreise verwenden oder aber eine Stelle suchen, an der Sie sich sicher sein können, dass sich das Feuer, auch ohne den symbolischen Schutz einiger Steine, nicht ausbreitet. Dies kann zum Beispiel ein Strand am Rande eines Sees oder Flusses sein oder auf felsigem Untergrund an anderer Stelle. Der einfache Grund, warum es nicht zu empfehlen ist, neue Feuerstellen zu bauen, ist die Veränderung der Natur und das Hinterlassen von lang anhaltenden Spuren. Steine, die seit Jahrtausenden Teil eines Pfades oder eingegraben im Erdboden sind, brauchen nicht für ein Feuer von einer Stunde ein permanentes neues Bauwerk bilden.
- Hat es wochenlang nicht geregnet und der Boden ist staubtrocken, so sollten Sie nie ein Feuer machen. Selbst wenn es Ihnen nicht riskant erscheint.
- Löschen Sie die Glut, nachdem sie fertig sind. Auch deshalb ist es praktisch, das Feuer nahe an einem Gewässer zu platzieren. Die nasse, kalte Asche können Sie gut in den Pflanzen rundherum verteilen – auf diese Art und Weise geben Sie der Natur etwas zurück, Asche ist nämlich ein hervorragender Dünger.

Hier sind einige **Grundregeln des Jedermannrechts**, die Sie auf Ihrer Wanderung beachten müssen:

- Beim Zelten mindestens 150 m Abstand zu Häusern oder Hütten halten.
- Informieren Sie sich über notwendige Angellizenzen und die Mindestgröße der verschiedenen Fischarten.
- Pflücken Sie nur die Beeren und sammeln Sie nur die Pilze, die Sie wirklich verzehren werden. (Beim Pilzesammeln sollten Sie unabhängig vom Jedermannrecht Vorsicht walten lassen.)
- Tiere und Vögel nicht stören, vor allem nicht während der Brut und Aufzucht. Halten Sie einen respektvollen Abstand.

- ▷ Halten Sie Ihren Hund unter allen Umständen permanent angeleint.
- ▷ Nehmen Sie Ihren Müll wieder mit.
- ▷ In Nationalparks und Naturreservaten können Regeln gelten, die vom Allemansretten abweichen. Informieren Sie sich darüber. So ist z. B. das Radfahren in allen norwegischen Nationalparks verboten.

Mehr Informationen rund ums Jedermannrecht finden Sie auf
www.environmentalagency.no.

# Kartenmaterial

Für die Strecke von Kautokeino zum Nordkap sind die Karten der Norge-Serien 1:50.000 vom Nordeca Verlag zu empfehlen. Aufgrund des recht großen Maßstabes (1 cm auf der Karte entsprechen 500 m in der Realität) benötigen Sie sieben Karten.

Auch wenn Karten ein zusätzliches Gewicht im Rucksack bedeuten, so sind sie doch unersetzlich. Die Karte gibt Ihnen die Möglichkeit, vom Weg abzuweichen, sei es für einen kleinen Abstecher zum Angeln oder, um einen alternativen Weg zu wählen. Zudem können Sie wichtige Punkte in der Landschaft benennen und bekommen ein besseres Bild darüber, wo auf dem Wanderweg Sie sich befinden.

Allgemein ist die Qualität der norwegischen Karten sehr gut, alle wichtigen Informationen zu Wanderwegen, Straßen und Hütten sind enthalten. Für den Weg benötigen Sie von Süden nach Norden folgende Blätter:

- Guovdegeaidnu (10165)
- Máze (10170)
- Øvre Stabbursdalen (10175)
- Repparfjorden (10181)
- Børselv (10182)
- Repvåg (10188)
- Nordkapp (10193)

Dieses Handbuch beschreibt die Etappen des Wanderweges E1 anhand von Orientierungspunkten, die sich auf die Kartenblätter der Norge-Serien beziehen. Dies können zum Beispiel Gewässer oder Erhebungen im Gelände sein, die häufig keinen Namen, sondern lediglich eine Nummer haben. Um das Handbuch als Wegweiser bei der Planung und Durchführung Ihrer Wanderung zu verwenden, ist es zu empfehlen, diese Karten zur Hand zu haben. Die Karten im Buch dienen vor allem dem Überblick über die Etappen, sind aber allein nicht ausreichend, wenn Sie den vollen Überblick über Ihre Umgebung haben wollen. Theoretisch gesehen ist es aber sogar möglich, den roten T-Markierungen zu folgen, ohne jedwede Karte zu verwenden.

✎ Zusätzlich zu den Papierkarten besteht die Möglichkeit, die Karten auf die App *Norge-serien* herunterzuladen. Dies ist kostenpflichtig, die Karten sind jedoch ohne Zugang zum Mobilfunk- oder Datennetz zugänglich und Sie können Ihren Standpunkt auf der Karte direkt sehen. Wenn Sie die Papierkarte bereits besitzen, können Sie den QR-Code scannen und das Herunterladen ist kostenlos.

- Auch auf www.norgeskart.no können Sie die Kartenblätter einsehen und sogar kostenlos ausdrucken.
- Als Mitglied im DNT oder STF bekommen Sie Rabatt im Onlineshop www.dntbutikken.no.
- Alle Landkarten für Norwegen finden Sie hier www.kartbutikken.no.

# Literaturtipps

- **Norwegen der Länge nach** – 3000 Kilometer zu Fuß bis zum Nordkap. Autor: Simon Michalowicz, Piper Verlag. ISBN 978-3-492-40587-4
- **Gebrauchsanweisung für Norwegen**. Autorin: Ebba D. Drolshagen. Piper Verlag. ISBN 978-3-492-27624-5
- **Norwegen Nord**. Reisehandbuch. Autor: Martin Velbinger. Velbinger Reiseführer. ISBN 978-3-88316-031-3
- **Fernwanderwege in Europa**. 20 Traumstrecken vom Nordkap bis zum Mittelmeer und die Wege E1 – E11 im Überblick. Autor: Michael Vogeley. Bruckmann Verlag. ISBN 978-3-7654-6036-4
- **Trans Europe** Footrace 2009. Bari – Nordkap – 4,487,7 km in 64 Tagesetappen. Autor: Ingo Schulze. Engelsdorfer Verlag. ISBN 978-3-86901-782-2
- Outdoor Handbuch **Angeln**. Autoren: Harald Barth & Ronald Metzger. Conrad Stein Verlag. ISBN 978-3-86686-021-6
- Outdoor Handbuch **Solotrekking**. Autoren: Dietmar Heim & Dirk Klawatzki. Conrad Stein Verlag. ISBN 978-3-86686-045-2

# Markierung

Die Markierung des Weges ist ein rotes T, das per Hand auf Steine gemalt wurde. In bewaldeten Gebieten ist ein roter Ring um Baumstämme gezeichnet. Im Normalfall ist es stets möglich, von der einen Markierung bereits die nächste zu sehen. Auf einer überdeutlichen, breiten Schotterpiste, die durch den Wald oder über eine Ebene oberhalb der Baumgrenze führt, ist dies natürlich nicht notwendig und die Markierung ist dementsprechend spärlicher.

Da der E1 erst im Jahre 2013 eröffnet wurde, sind die Markierungen und Schilder folglich neu und deutlich sichtbar, sich zu verlaufen ist also recht unwahrscheinlich. Zudem folgt der E1 auf mehreren Etappen den Schotterpisten, die in der Finnmark die dominierenden Wege abseits der befestigten Straße darstellen. Schmale Pfade, die lediglich von Wanderern und Radfahrern genutzt werden, finden Sie hier nur wenige. Dies liegt daran, dass der motorisierte Freizeitverkehr heute gegenüber den traditionellen Aktivitäten überwiegt.

Die Entfernungen zwischen den verschiedenen Dörfern, Städten und Berghütten sind so enorm und die Landschaft so menschenleer, dass sich effizientere Fortbewegungsmittel durchgesetzt haben. Während die lokale Bevölkerung die Vidda einst zu Fuß, mit Skiern oder mit Schlitten überquerte, so geschieht dies heute mit einem Geländefahrzeug, wie einem Quad, und im Winter mit Schneemobilen. Die Samen verwenden die Geländefahrzeuge, um ihre Rentiere zu hüten, Familien fahren an den Wochenenden und in den Ferien zu ihren Hütten, man fährt spazieren, zum Jagen oder Fischen. Diese Entwicklung kann durchaus kritisch betrachtet werden, doch sie wird sich kaum rückgängig machen lassen.

*Markierung*

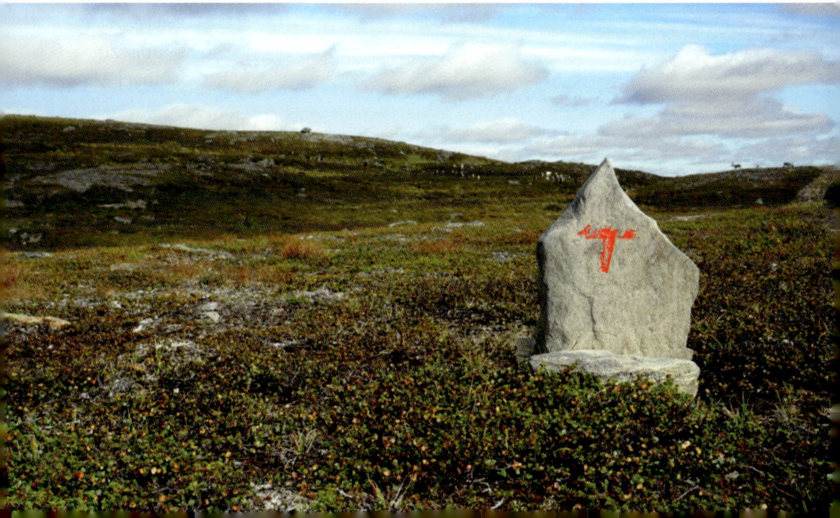

Das Ergebnis dieses motorisierten Verkehrs ist die Entstehung von zweispurigen Schotterpisten, Traktorwegen und Forstwegen, die nach und nach die schmaleren Pfade ersetzt haben. Es muss allerdings deutlich gesagt werden, dass Ihnen in der Natur keineswegs die Geländefahrzeuge um die Ohren sausen werden – man trifft äußerst selten andere Menschen.

☺ Die Abschnitte der Wanderung, auf denen Sie sich weitestgehend auf die Markierungen verlassen müssen, sind die Etappen 5 bis 10 sowie 12 und 13. Hier folgt der E1 überwiegend einem neu angelegten Wanderweg, der weniger deutlich ist als die breiten Pisten der anderen Etappen, die auch ohne Markierung auskommen würden.

## Medizinische Versorgung

Da die Finnmark so dünn besiedelt ist, kann im Zweifelsfall eine längere Strecke zum nächsten Arzt nötig werden. In der Stadt Alta gibt es mehrere staatliche Ärztehäuser, in denen Sie verschiedene Spezialisten antreffen.

⊞ Im Notfall rufen Sie direkt die ☏ 113 an.

⊞ **Elvebakken Legesenter**, Skipper Wirkolas vei 4, 9515 Alta, Mo bis Fr 8:30-15:30, ☏ 47/78 44 90 20, post@elvebakkenleesenter.no, www.elvebakkenlegesenter.no

- **Sentrum Legepraksis,** Markveien 51, Mo bis Fr 8:30-15:30, ☏ 47/48 10 32 88, post@sentrumlegepraksis.no, sentrumlegepraksis.no
- **Kautokeino Legevakt,** In Kautokeino gibt es nur ein kleineres Ärztehaus, hauptsächlich für allgemeinmedizinische Fragen. Sarritluodda 2, 9520 Kautokeino, Mo bis Fr 8:00-15:00, ☏ 47/78 48 72 60
- **Kommuneleger i Nordkapp (Honningsvåg).** Ein staatliches Ärztehaus finden Sie auch in Honningsvåg. Wenn Sie akut einen Termin brauchen, können Sie hier rund um die Uhr die anrufen. Sykehusveien 16B, Mo bis Fr 8:00-15:45, ☏ 47/78 47 66 66, www.nordkapplegesenter.no
- Das einzige **Krankenhaus** der Finnmark befindet sich in der Stadt **Hammerfest**. ☏ 48/78 42 10 00, www.finnmarkssykehuset.no

## Mitternachtssonne

Tag und Nacht Sonnenlicht zu erleben, ist eine besondere Erfahrung, die Sie in der Finnmark nahezu den gesamten Sommer über machen können. Im Mai, Juni und

Juli geht die Sonne tatsächlich nie unter, im August ist es weiterhin nahezu durchgehend hell, selbst wenn die Sonne schon unter den Horizont sinkt. Erst zum Ende des Monats hin wird es notwendig, im Zelt eine Stirnlampe zu benutzen oder in der Hütte eine Kerze anzuzünden.

☺ Auch wenn die Sonne während der Nacht weniger Wärme und Licht verbreitet als am Tag, so ist es doch zunächst eine ungewohnte Situation für den Körper und es kann eine Herausforderung sein, den gewöhnlichen Tagesrhythmus aufrechtzuerhalten. Eine Schlafmaske kann dabei helfen, die Nacht nicht zum Tag zu machen.

☺ Am Nordkap dauert die Zeit der Mitternachtssonne vom 11. Mai bis zum 31. Juli, in Kautokeino vom 20. Mai zum 22. Juli.

## Mücken

Die Mücken hoch oben im Norden sind sehr zahlreich und recht hungrig, dies werden Sie wahrscheinlich auch an eigener Haut feststellen müssen. Die Mückensaison in der Finnmark dauert normalerweise von Anfang Juni bis Anfang August. Der August ist dementsprechend ein attraktiver Monat – dann ist es oft noch warm, die Wege sind trocken und Sie können sich ohne die surrenden Plagegeister in der Natur aufhalten.

Kaufen Sie ein gutes Mückenmittel: der Wirkstoff **DEET** ist zwar aggressiv, wirkt jedoch erwiesenermaßen am besten. Alternativen wie ätherische Öle oder spezielle Kerzen können Sie getrost zu Hause lassen. Zusätzlich zum Spray ist ein Mückennetz für den Kopf zu empfehlen. Falls Sie unter Mücken erheblich leiden, kann es sich sogar lohnen, eine dünne Gore-Tex-Hose und Jacke zu tragen, selbst wenn es nicht regnet, da Mücken dieses Material nicht durchstechen können. Achten Sie darauf, dass Ihr Zelt an allen Öffnungen Mückennetze hat, so können Sie frische Luft bekommen, aber einen gänzlich mückenfreien Raum genießen.

## Proviant

Wohlschmeckendes und sättigendes Essen trägt erheblich zum Gelingen einer Wanderung bei. Eine Mahlzeit kann neben der reinen Nahrungsaufnahme auch eine Motivation und ein kleiner Luxus sein. Auf dem E1 muss der Wanderer zum Teil Verpflegung für bis zu einer Woche mit sich tragen, was die Wahl des Proviants, der in den Rucksack kommt, natürlich erschwert. Eine sichere Wahl sind gefriergetrocknete Mahlzeiten, die sehr leicht sind und nur mit heißem Wasser übergossen werden müssen. Ein Nachteil des gefriergetrockneten Essens ist der Preis, der mit bis zu € 10 pro Tüte ein richtiges Loch in die Reisekasse reißen kann.

Ein jeder hat seinen eigenen Geschmack und baut sich über die Zeit seine eigenen Routinen auf, was die Mahlzeiten unterwegs betrifft. Dies gilt natürlich ebenso für den persönlichen Bedarf an Kalorien. Die Tagesrationen sollten Ihrem Kalorienbedarf angepasst sein, der Hunger, den man auf einer Wanderung verspürt, kann jedoch stark von den Portionen abweichen, die man zu Hause isst. Typisch ist es, dass man die ersten Tage noch keinen gesteigerten Appetit verspürt und dann vielleicht auch feststellt, dass die Hose etwas lockerer sitzt. Nach einiger Zeit verlangt der Körper mehr Nahrung, um den erhöhten Kalorienverbrauch auszugleichen. Erst durch viel Erfahrung ist es möglich, exakt so viel Proviant einzuplanen, wie man auch benötigen wird. Im Zweifelsfall scheint es jedoch eine bessere Idee, eine Tüte Studentenfutter mehr im Rucksack herumzutragen, als abends vor lauter Hunger nicht einschlafen zu können.

Haferflocken oder Müsli und Milchpulver ergeben zusammen ein ausgezeichnetes **Frühstück**, ebenso wie Knäckebrot mit Schmierkäse, Marmelade oder Nutella. Als **Zwischenmahlzeit** eigenen sich getrocknete Früchte, Schokolade, Nüsse, Müsliriegel oder vielleicht sogar ein paar Scheiben Rentiersalami. Zum **Mittagessen** empfiehlt sich eine gefriergetrocknete Mahlzeit, so sparen Sie sich das Abwaschen und müssen lediglich Wasser aufkochen. Andere gute, günstige und vor allem leichte Lebensmittel sind Fertigmahlzeiten aus der Tüte, diese müssen jedoch oft rund zehn Minuten kochen und verbrauchen daher viel Brennstoff. Auch Couscous ist sehr ergiebig und kann zusammen mit einer Suppe eine sättigende Mahlzeit bilden.

Ein schmackhaftes **Abendessen** kann aus Hackfleisch, Thunfisch (oder natürlich aus einer vegetarischen Alternative, die man zu Hause selbst getrocknet hat), getrocknetem Gemüse und Kartoffelpüree bestehen. Eine Mahlzeit, die dem Hunger nach einem langen Tag angepasst ist, muss vor dem Zusetzen des Wassers nicht mehr als hundert Gramm wiegen. Auch anderer getrockneter Fisch, Reis, Nudeln und Pilze eignen sich. Zu empfehlen ist eine kleine Plastikflasche mit Öl oder Butter, die ein ansonsten trockenes Essen saftig machen kann und auch praktisch ist, wenn man eine Forelle gefangen hat, die am Abend in der Pfanne landen soll.

☺ Es gibt mehrere Möglichkeiten, Rohwaren selbst zu trocknen. Zum einen in der Sonne, bei niedrigen Temperaturen im Backofen oder aber in einem speziellen Dörrapparat. Im Backofen eignet sich eine Temperatur von 50 – 60°C, zudem muss die Backofentür einen Spalt offen gelassen werden, sodass die Feuchtigkeit entweichen kann. Der Trockenprozess ist fertig, wenn das Essen nicht mehr feucht ist. Apfelringe auf diese Weise zu trocknen, dauert rund 4 Stunden.

Durch die Länge des Weges, ist es wahrscheinlich notwendig, sich ab und an erneut mit Proviant einzudecken. Hier gibt es zwei Möglichkeiten: Sie können die Lebensmittel kaufen, die in einem der Orte entlang des E1 erhältlich sind. Da es zumeist recht kleine Supermärkte sind, müssen Sie sich in diesem Fall eher dem Angebot als den eigenen Präferenzen anpassen. Wenn Sie also sehr spezielle Wünsche bezüglich Ihrer Ernährung haben, vegan sind oder unter Unverträglichkeiten leiden, kann es von Vorteil sein, die zweite Möglichkeit zu nutzen. Diese besteht darin, sich selbst ein Paket zu schicken.

*Proviant*

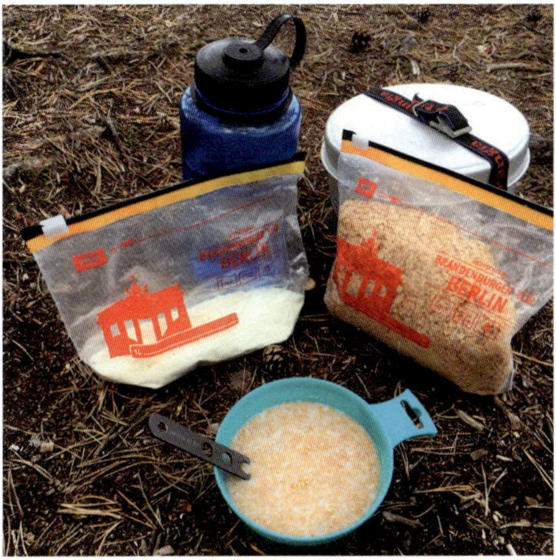

Am günstigsten ist es natürlich, das Paket von Norwegen aus zu versenden. Nach vorheriger Nachfrage nehmen die meisten Übernachtungsmöglichkeiten und Tankstellen am Weg Pakete entgegen. Sie können von zu Hause extra Lebensmittel mitnehmen und sich nach der Ankunft selbst zusenden. In Alta, Kautokeino und Honningsvåg gibt es alternativ Supermärkte mit einer breiten Produktpalette.

Weitere Einkaufsmöglichkeiten gibt es in Máze und in Olderfjord. Kleinere Einkäufe können Sie in der Hütte in Mollisjok, am Campingplatz in Skarsvåg und am Nordkap vornehmen, wo außerdem warme Mahlzeiten angeboten werden.

# Radfahrer

🚲 Es ist sehr gut möglich, den E1 zwischen Kautokeino und dem Nordkap mit dem Fahrrad zu bewältigen. Die Schwierigkeit variiert von Abschnitten auf Asphalt, zu Schotterpisten und steinigem Gelände, auf dem ein All Mountain oder Cross-Country Mountainbike gefragt ist. Generell ist ein Fahrrad zu empfehlen, das mit guten Stoßdämpfern ausgerüstet ist. Am besten geeignet ist ein sogenanntes Full-suspension Fahrrad, das nicht nur am Vorderrad, sondern auch an der Hinterachse eine Federung hat. Dadurch ersparen Sie es sich, auf den Schotterwegen permanent durchgeschüttelt zu werden.

Mit einem Tourenrad ist es auch möglich, bis ans Nordkap zu kommen. In diesem Falle ist es aber zu empfehlen, sich weitestgehend auf den asphaltierten Straßen zu halten. Der Untergrund auf dem E1 ist oft zu steinig und uneben und die Steigungen, wenn auch nur kurz, sind zu steil, um hier mit schweren Satteltaschen hochzufahren.

Die Etappen 1 bis 4 verlaufen auf geeigneten Schotterpisten, danach sind die alternativen Etappen 5a, 6a und 6b zu empfehlen, die weiterhin den Schotterpisten der Geländefahrzeuge folgen. Auch wenn diese Etappen generell einfach zu fahren sind, so werden Sie dennoch ab und an moorige Abschnitte durchqueren und Flüsse furten müssen.

Die Etappen 7 bis 10 sind deutlich anspruchsvoller, hier folgt der E1 abschnittsweise lediglich den roten Markierungen durchs Gelände und es gibt keinen Pfad. Die Landschaft ist moosig und steinig, aber generell nicht sehr kupiert. Eine empfehlenswerte Alternative ist, von der Bojobæskihütte noch 6 km nach Norden auf dem E1 weiterzufahren und dann nach Osten auf die Schotterpiste von Alta nach Skoganvarre abzubiegen. Skoganvarre liegt an der E6 und von hier aus können Sie die 90 km nach Olderfjord, wo Etappe 10 endet, auf Asphalt und zum großen Teil am Meer entlang zurücklegen.

Eine andere Möglichkeit ist es, von der Bojobæskihütte über eine ebenfalls breite Piste nach Alta hinunterzufahren und von hier aus 100 km auf der E6 über Skáidi nach Olderfjord zu fahren. Etappe 11 verläuft auf einer Schotterpiste, während die Etappen 12 und 13 bis zum Nordkaptunnel wiederum weitestgehend ohne einen Weg auskommen. Nach der Durchquerung des Nordkaptunnels, auf der Insel Magerøya, können Sie die letzten 45 Kilometer bis zum Endpunkt des E1 auf der Straße zurücklegen.

Rund um Alta findet jeden Sommer der Mountainbike Wettbewerb Offroad Finnmark statt, der auf 150, 300 oder sogar 700 Kilometern über die Pfade und Pisten der Region führt. Teilweise folgt die Streckenführung sogar dem E1 Wanderweg.

💻 Auf der Homepage 💻 www.offroadfinnmark.no können Sie sich einen guten Eindruck davon verschaffen, wie das Radfahren in der Finnmark aussieht. Auch Kartenmaterial mit gekennzeichneter Schwierigkeit der verschiedenen Abschnitte finden Sie hier.

🚲 Das Thon Hotell in Kautokeino verleiht Fahrräder für NOK 50 pro Stunde und NOK 165 pro Tag.

# Reisezeit

Die beste Zeit, um auf dem E1 zu wandern, ist von Juni bis September. Im Juli ist es statistisch betrachtet am wärmsten, während es im August schon wieder ein wenig kühler wird. Die Mitternachtssonne verabschiedet sich langsam, aber sicher und auch die Mücken werden weniger zahlreich. Ende August und Anfang September können Sie die Landschaft in flammenden Herbstfarben und gänzlich ohne Mücken genießen. Ab Ende September hält der Winter Einzug und es wird ab diesem Zeitpunkt regelmäßig frieren. Der erste Schnee fällt zumeist im Oktober.

❄ Für eine Wintertour (☞ Skifahrer) eignen sich März und April am besten.

Es ist zu raten, sich nicht vor Mitte Juni auf den Weg zu machen, denn dann kann die Schneeschmelze noch in vollem Gange sein. Der Begriff Schneeschmelze mag zunächst eher positiv als bedrohlich wirken, doch die Wochen, in denen die Schneedecke, die sich über ein Dreivierteljahr angesammelt hat, schmilzt, sind mit Vorsicht zu genießen. Unter dem oft meterdicken Schnee bilden sich reißende Bäche; das Eis, das im Winter und Frühling die Überquerung von Seen und Flüssen erleichtert, wird verräterisch und der Boden ist häufig matschig und macht das Vorankommen mühsam.

Jedes Jahr hat jedoch seinen eigenen Rhythmus und es gilt, sich vor der Abreise und während der Wanderung über die aktuellen Wetterbedingungen zu informieren. Die Lokalbevölkerung zu fragen, ist immer eine gute Idee, da sie einen Überblick über die Niederschläge der letzten Wochen haben und mit den Bedingungen auf der Hochebene vertraut sind.

Die Samen teilen das Jahr in Sápmi (dem Samenland) nicht nur in vier, sondern in acht Jahreszeiten ein. Auch wenn man als Tourist zunächst denkt, dass es eigentlich dreiviertel des Jahres Winter ist, unterbrochen von einer kürzeren schneefreien Phase, so machen die **acht Jahreszeiten** trotzdem Sinn.

Das Jahr beginnt im März, wenn die Sonne zurückkehrt, mit **Giđđadálvi**, dem **Frühlings-Winter**. Die Tage werden länger und dies ist die beste Zeit, um die Landschaft auf Skiern zu erkunden. Die Rentiere bereiten sich auf ihre Wanderung zu den Plätzen vor, wo sie den Sommer über grasen und auch ihre Kälber gebären werden.

Der Frühling, **Giđđa**, beginnt Mitte April und zieht sich bis Ende Mai. Dies ist die Zeit, in der die Flüsse sich langsam vom Eis befreien und die ersten Knospen an den Bäumen und Sträuchern auftauchen. Der Schnee an den Südseiten der Hänge schmilzt in der Sonne und die Rentiere bekommen nun ihre Jungen.

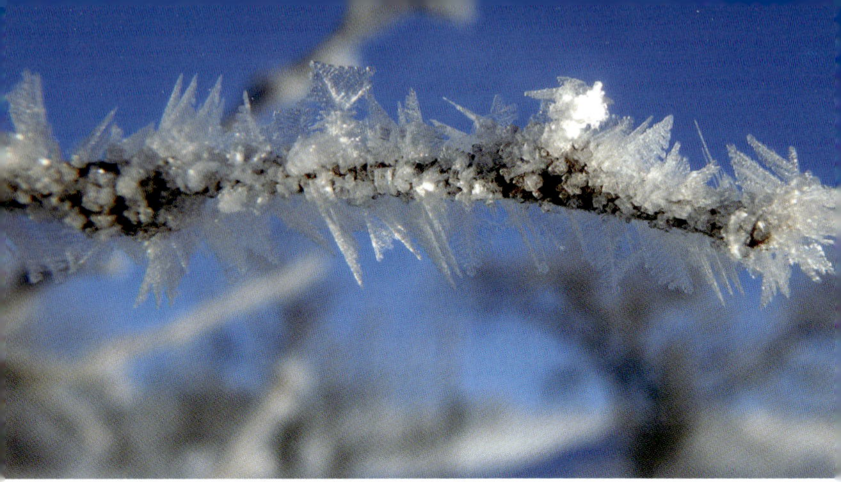

*Jede Jahreszeit hat besondere Reize*

**Giđđageassi** ist der Frühsommer im Juni. Auch wenn es nun Tag und Nacht hell ist, so fühlt es sich dennoch nicht richtig nach Sommer an. Es ist weiterhin kalt und das Schmelzwasser macht oft die kleinsten Bäche zu reißenden Strömen. In den hohen Lagen liegt immer noch Schnee, während es weiter unten in den Tälern grün wird und die Insekten, Vögel und alle Säugetiere aktiv sind.

Im Juli kommt der Sommer, **Geassi**. Der meiste Schnee ist geschmolzen und alles ist grün. Die Rentiere halten sich nun oberhalb der Baumgrenze, in einem Versuch, den Mücken zu entkommen. Die Kälber werden langsam größer und stärker und nun ist die Zeit gekommen, in der die Rentierzüchter sie mit einem speziellen Schnitt ins Ohr markieren.

**Čakčageassi** ist der Herbst-Sommer, der im August beginnt. In dieser Zeit werden die verschiedenen Beeren reif, die Pilze lassen sich sammeln und die Nächte werden langsam wieder ein wenig dunkler und kälter. Die Rentiere fressen sich eine extra Speckschicht an, die sie in den kommenden Monaten gut gebrauchen können. Die Brunst und die Elchjagd beginnen.

Nun wird es Herbst in Sápmi, **Čakča**. Im September bereitet sich alles auf die Ankunft des Winters vor. Die Rentierzüchter wählen die Tiere aus, die geschlachtet werden sollen, und die Jagd auf Elche und auch kleinere Säugetiere ist in vollem Gange. In den Nächten sinkt die Temperatur unter null und die ersten Sterne tauchen am Himmel auf. Weiter oben in den Bergen liegt vielleicht schon ein weißer Schleier auf den Gipfeln.

**Čakčadálvi**, der Herbst-Winter, ist die Zeit, in der die Natur langsam zur Ruhe kommt. Im Oktober und November befinden sich die Rentiere in den Gebieten, in denen sie den Winter verbringen werden. Die Dunkelheit nimmt mit jedem Tag zu und die Flüsse und Seen frieren langsam, aber sicher zu.

**Dálvi** beginnt, der Winter, welcher von Ende November bis spät in den Februar dauert. In der Finnmark steigt die Sonne zwei Monate lang nicht über den Horizont. Dies bedeutet aber nicht, dass es rund um die Uhr pechschwarz ist. Die Dämmerung hüllt die gefrorene Landschaft in die unterschiedlichsten Farben, von blau bis zu warmem rot. Die Temperaturen sind oft so niedrig, dass das Eis auf den Seen krachende Laute von sich gibt. Alles liegt unter einer dicken Schneedecke und es scheint unwirklich, dass diese jemals wieder schmelzen könnte. Doch Mitte Januar schaut die Sonne das erste Mal wieder über den Horizont und langsam kommt das Licht zurück.

Sehr hilfreich für die Planung ist die Website des norwegischen Wetterdienstes www.yr.no.

# Sicherheit

Der E1 ist kein gefährlicher Weg, doch er ist zum Teil sehr abgeschieden, weshalb auch ein kleinerer Unfall oder eine Verletzung ernsthafte Folgen haben kann, falls Sie allein unterwegs sind und nicht kommunizieren können. Der Telefonempfang ist selbst weit entfernt von den Dörfern jedoch erstaunlich gut. Falls Sie Hilfe brauchen und keinen Empfang haben, reicht es häufig, sich auf die nächstgelegene Erhebung zu stellen.

Nicht jeder ist ein Fan davon, viel Elektronik mit auf eine Wanderung zu nehmen, doch wenn es um Leib und Leben geht, kann es von Vorteil sein, ein GPS-Gerät wie das **Spot** (www.findmespot.eu) oder einen anderen **Notsender** (auf Englisch **PLB** *personal locator beacon*) dabeizuhaben. Auch ein Satellitentelefon zu mieten, ist eine Möglichkeit. Diese Geräte sind nicht auf Netzwerkabdeckung angewiesen, sondern benötigten lediglich freie Sicht zum Himmel. Das Auslösen des Alarms des Notsenders setzt eine Rettungsaktion in Gang, die Sie unter Umständen selbst bezahlen müssen. Nehmen Sie diese Möglichkeit nur in Anspruch, wenn es wirklich notwendig ist.

Einige generelle Regeln, die Ihrer Sicherheit dienen, basierend auf den *Fjellvettreglene* des Norwegischen Roten Kreuzes und des DNT:

- Gehen Sie nicht unvorbereitet und untrainiert auf eine lange Wanderung. Machen Sie sich vorher mit Ihrer Ausrüstung auf Tagestouren vertraut. Nehmen Sie sich nicht mehr vor, als Sie tatsächlich körperlich und psychisch verkraften. Zu Hause auf dem Sofa erscheint oft alles so einfach. Seien Sie realistisch, welchen Herausforderungen Sie gewachsen sind und was Ihnen Schwierigkeiten bereitet. Passen Sie Ihre Reise diesen Voraussetzungen an, um sich selbst die bestmögliche Erfahrung zu ermöglichen.

- ▷ Geben Sie Ihren Reiseplan einem Familienmitglied, Kollegen oder Bekannten. Machen Sie Absprachen, wann Sie sich melden werden. Stellen Sie sich keine unmöglichen Aufgaben, die zu einer unnötigen Suchaktion führen könnten. Jeden Tag anzurufen, kann unter Umständen unmöglich sein.
- ▷ Treffen Sie Ihre Entscheidungen entsprechend der Wettervorhersage und seien Sie auf schlechtes Wetter, Kälte und Schnee vorbereitet. Das Wetter kann überraschend schnell umschwenken.
- ▷ Nehmen Sie selbst bei kürzeren Touren oder Ausflügen extra Kleidung, Proviant und Ausrüstung mit.
- ▷ Vertrauen Sie erfahrenen Wanderern und der Lokalbevölkerung
- ▷ Verwenden Sie Karte, Kompass und GPS. Folgen Sie dem Weg nicht blind.
- ▷ Gehen Sie (wenn möglich) nicht allein.
- ▷ Kehren Sie rechtzeitig um, falls dies notwendig erscheint. Erscheinen Ihnen das Wetter oder das Gelände zu gefährlich, so ist es keine Schande, umzukehren.

💻 www.visitnorway.com/plan-your-trip/safety-first/in-the-mountains/the-mountain-code

Die **Notrufnummern** in Norwegen sind folgende:
Feuerwehr: ☏ 110 Polizei: ☏ 112 Krankenwagen: ☏ 113

# Sprache

In der Finnmark werden, neben der Landessprache Norwegisch, auch noch Kvenisch und Samisch gesprochen. Die meisten Norweger sprechen und verstehen auch Englisch, viele sogar Deutsch. In ländlichen Gebieten, unter der älteren Bevölkerung und auch unter den Samen ist das Englische weniger geläufig. Das ☞ Wörterbuch kann Ihnen hier eine kleine Stütze bieten.

Kvenisch ist die Sprache der Finnen, die im 18. und 19. Jahrhundert auf der Suche nach einer besseren Zukunft in den Norden Norwegens zogen. Das Finnische vermischte sich mit dem Norwegischen und bildet nun ein eigenständiges Idiom, das seit 2005 als Minderheitensprache anerkannt ist.

Das Samische ist ebenfalls eine Minderheitensprache und wurde in der Vergangenheit als eine Gruppe von Dialekten kategorisiert. Inzwischen sind Nordsamisch, Südsamisch und Lulesamisch jedoch als eigene uralische Sprachen akzeptiert. Nordsamisch ist mit Abstand die Variante mit der größten Anzahl von Sprechern, mit einer geschätzten Sprecherzahl zwischen 15.000 und 25.000. Nordsamisch wird in Schweden, Finnland und natürlich Norwegen gesprochen. Die anderen samischen Sprachen haben zum Teil nur wenige Hundert Muttersprachler oder sind eigentlich schon ausgestorben. Dies liegt vor allem an der Sprachpolitik, die bis in die 70er-Jahre in Skandinavien, aber auch in Russland Minderheitssprachen unterdrückte.

Im Folgenden finden Sie eine Liste mit Begriffen aus der nordsamischen Sprache, die häufig auf den Wanderkarten erscheinen. Diese soll Ihnen bei dem Verständnis der Geografie eine Unterstützung sein. Die samischen Sprachen sind sehr deskriptiv und die Bedeutung des Namens eines Flusses oder Berges zu kennen hilft, das Gelände zu verstehen.

Samische Ortsnamen können aus einem einzigen Wort bestehen, wie das Dorf Skáidi an der E6, oder die schwedische Stadt Kiruna (Giron auf Nordsamisch). Häufiger sind jedoch Namen, die aus mindestens zwei Teilen zusammengesetzt sind. Hierbei ist der erste Teil des Wortes oft ein Eigenname und der zweite Teil beschreibt die Geografie. Auch stehen Orte mit dem gleichen Eigennamen oft im direkten Bezug zueinander: Der Gipfel Bohkošoaivi liegt nördlich der lang gestreckten Hochebene Bohkošgielas, am See Bohkošjavri, aus dem der Fluss Bohkošjohka entspringt. Die samischen Namen auf den Landkarten werden auf diese Art und Weise verständlicher.

| **Nordsamisch (Davvisámegiella)** | **Deutsch** |
|---|---|
| Bajit | Ober(e/s) |
| Bákti | Klippe |
| Buolža | Moränenrücken (Geröll) |
| Čohkka | Gipfel, höchster Punkt |
| Čopma | Hain, Hügel |
| Čorru | Hügel |
| Duottar | Hochebene |
| Eatnu | Langer, breiter Fluss |
| Gáisá | Spitzer Berg |
| Gielas | Kiel (lang gestreckter Bergrücken) |
| Gurra | Kluft, Spalte |
| Háldi | Runder Berg |
| Jávri | See |
| Johka | Fluss |
| Láhko | Gebirgsheide |
| Luokta | Bucht |
| Luoppal | See in einem Fluss |

| | |
|---|---|
| Njárga | Halbinsel, Nase |
| Oaivi | Kopf (als Gipfel in diesem Fall) |
| Rášša | Hochgebirge, hoher Berg |
| Skáidi | Land zwischen zwei sich treffenden Flüssen |
| Stuor, Stuorra | groß |
| Suovka | Sträucher, Gebüsch |
| Unna, Uhca | klein |
| Vággi | Tal |
| Várri | Berg |
| Vuolit | Unter(e/s) |
| Vuopmi | Bewaldetes Tal |
| Vuotna | Fjord |

# Skifahrer

Selbstverständlich ist es auch möglich, den E1 im Winter auf Skiern zu gehen. Diese Tour ist ein richtiges Abenteuer und fordert vor allem Kenntnisse über das Verhalten in extrem kalten Temperaturen und über die Navigation in einer Landschaft ohne Konturen, in der alles weiß ist. Die Temperaturen können im Februar und März bis unter -40°C sinken und es ist daher wichtig, dass Sie mit diesem Klima vertraut sind und Ihre Ausrüstung zum Zelten und Kochen diesen Anforderungen standhält.

Sie benötigen Backcountry Langlaufskier mit Stahlkanten, Skistöcke mit großen Tellern, einen Zugschlitten, oder Pulka, und sehr warme Bekleidung aus Wolle und Daune. Ihr Zelt muss für den Gebrauch im Winter geeignet sein, also starkem Wind standhalten und selbst bei Schneefall noch Ventilation zulassen. Auch normale Zeltheringe funktionieren im Schnee nicht, sondern müssen extra für den Winterbedarf gekauft werden.

Ihr Schlafsack sollte eine Komforttemperatur von mindestens -30 °C haben, ebenso wie eine oder zwei Isomatten mit einem hohen R-Wert. Der R-Wert ist ausschlaggebend für den Wärmedurchgangswiderstand eines Materials und wird in Ziffern von 1 bis 10 angegeben. Je höher der R-Wert Ihrer Isomatte, desto wärmer ist sie. Dies ist nicht nur im Winter gut zu wissen.

💻 www.outdoorseiten.net/wiki/R-Wert

Eine ausführliche Liste von Schlafsäcken verschiedenster Marken, die sich für den Wintergebrauch in Nordskandinavien eignen, finden Sie auf der Homepage des Lauf- und Skiwettbewerbes *Rovaniemi* 150 in Finnland.

💻 www.rovaniemi150.com/rov150/sleeping-bags

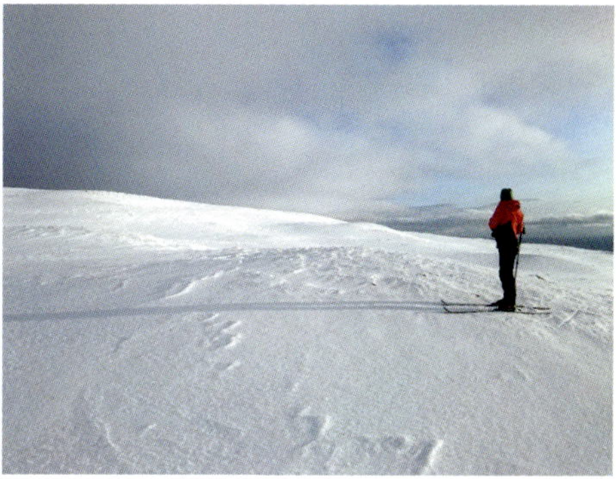

Die drei bewirtschafteten Hütten, die dem norwegischen Staat gehören (Mollisjok, Jotka und Ravna), sind ganzjährig geöffnet und bieten neben der Übernachtung auch warme Mahlzeiten und den Transport mit dem Schneemobil an. Gerade an Ostern erfreut sich die Skitour *Finnmarksvidda på tvers*, bei der man von Alta nach Karasjok geht, bei der Lokalbevölkerung einer großen Beliebtheit. Diese Skitour ist also unter Umständen ein gutes Training, bevor Sie sich an den E1 im Winter wagen. Aufgrund der recht langen Distanzen zwischen den Hütten können Sie trotzdem gut eine Zeltnacht zwischen jeder Hütte einlegen und so Erfahrungen im Winterzelten gewinnen. Dank der guten Netzabdeckung können Sie sich selbst mitten auf der Vidda immer wieder über die Wettervorhersage informieren und sich dementsprechend dazu entscheiden zu campen, oder lieber noch eine extra Nacht in einer der Berghütten zu verbringen.

Das Hotel in Olderfjord ist auch im Winter offen, die Campingplätze auf der Insel Magerøya, am Nordkap, sind jedoch geschlossen. Das Wetter in Meeresnähe ist unruhiger, feuchter und windiger als die Verhältnisse auf der Vidda, dem Hochplateau. Hier ist, auch im Winter, Nebel eine Gefahr, ebenso wie enorme Schneeverwehungen durch den starken Wind. Wenn Sie diesen Unannehmlichkeiten ausweichen wollen, ist es ratsam, sich auf die Skitour zwischen Kautokeino und Olderfjord zu begrenzen und den Ausflug zum Nordkap von dort aus mit einem Reisebus zu unternehmen.

Der E1 verfügt nicht über Markierungen, die im Winter sichtbar sind, Sie können jedoch den GPS-Tracks, die im Zusammenhang mit diesem Buch bereitgestellt werden, folgen. An einigen Abschnitten ist der Weg im Winter sogar deutlich unkomplizierter als im Sommer: Weder Moore, noch Flüsse oder Seen stehen Ihnen im Weg. So ist es z. B. möglich, den größten See der Finnmark, Iešjávri, einfach zu überqueren.

Das Tageslicht und das Wetter betrachtend, sind März und April die besten Monate für diese Tour. Anfang März geht die Sonne bereits um 6:50 auf und erst um 16:30 unter, also genug Zeit für eine Etappe im Sonnenschein über den glitzernden Schnee und die endlose Weite der Finnmark.

# Telefonempfang

Der Telefonempfang ist überraschend gut für eine derart abgelegene und dünn bevölkerte Region wie die Finnmarksvidda. Auf so einer langen Wanderung kann es natürlich eine Freude sein, ab und an zu Hause anrufen zu können, insbesondere wenn man Dutzende Kilometer von der nächsten Menschenseele entfernt ist. Wenn Sie nicht zu denjenigen gehören, die in Ihrem Urlaub auch gerne Ferien vom Handy machen, dann können Sie recht regelmäßig sogar ein wenig im Internet surfen. Dies gilt überall im Umkreis der Orte, nahe der Nationalstraßen und recht häufig sogar mitten auf der Vidda.

Verlassen Sie sich jedoch nicht darauf, durchgehend Empfang zu haben, siehe ☞ Sicherheit.

Zudem sollten Sie natürlich daran denken, dass Sie Ihr Telefon, ebenso wie auch andere elektronische Geräte wie eine Kamera oder ein GPS-Gerät, nicht jeden Tag laden können. In den Orten und in den bewirtschafteten Hütten gibt es entweder Strom direkt vom Netz oder aber einen Generator, der oft am Abend für einige Stunden angeschaltet wird. In den Nächten, in denen Sie zelten oder in einer der Notunterkünfte schlafen, werden Sie keine Steckdose finden. Am einfachsten ist es natürlich, alle elektronischen Geräte abzuschalten oder im Zweifelsfall sogar einfach zu Hause zu lassen. Wenn Sie sich von Ihren digitalen Spielzeugen nicht lossagen können, nehmen Sie am besten eine oder mehrere tragbare Zusatzakkus, sogenannte Powerbanks, zum Aufladen mit. Eine Powerbank mit 20.000 mAh ist ausreichend, um ein Smartphone ungefähr 6-mal aufzuladen. Auf diese Art und Weise können Sie unbesorgt Fotos machen und kommunizieren, sind aber trotzdem nicht darauf angewiesen, eine Stromquelle zu finden.

Wenn Sie gerne sehen möchten, wo Sie Ihr Telefon voraussichtlich benutzen können, schauen Sie auf die **Netzabdeckungskarte** von Telenor unter Dekningskart auf www.telenor.no.

Zudem steht bei der jeweiligen Etappe, wie der zu erwartende Telefonempfang ist.

# Trinkwasser

Abseits der dicht besiedelten Gebiete ist es in Nordnorwegen überall möglich, Wasser direkt und ungefiltert aus fließenden Gewässern zu trinken. Testen Sie zunächst, ob das Wasser klar und kalt ist und sich keine offensichtlichen Quellen für Verunreinigungen, wie Abfall oder verendete Tiere, im Fluss befinden. Falls Ihnen der Gedanke, ungefiltertes Wasser zu trinken, nicht behagt, so können Sie verschiedene Methoden wählen, um es von möglichen Bakterien und Viren zu befreien. Das Wasser zu kochen, durch einen Filter zu pumpen oder eine Tablette mit Silberionen und Chlor zu verwenden, sind die geläufigsten Möglichkeiten.

☺ Entlang des E1 werden Sie auf jeder Etappe an zahlreichen Bächen und Flüssen vorbeikommen, sodass Trinkwasser zu keinem Zeitpunkt ein Problem sein wird. Es ist daher ausreichend, eine Trinkflasche mit 1 Liter Volumen mitnehmen. Im Zweifelsfall hilft ein Blick auf die Landkarte, um die Abstände zwischen den Wasserläufen der kommenden Etappe einschätzen zu können. Trinkwasser aus Seen oder Sümpfen zu entnehmen, ist natürlich ebenfalls möglich. Bei stehenden Gewässern empfiehlt es sich jedoch wirklich, das Wasser vor dem Konsum abzukochen oder auf andere Weise zu reinigen.

☹ In sogenannten Lemmingjahren, die durchschnittlich alle vier Jahre vorkommen, sollten Sie besondere Vorsicht walten lassen. In diesen Jahren besteht die Gefahr, sich über ungereinigtes Wasser an der Lemming- oder Hasenpest (Tularämie) anzustecken. Wie Sie erkennen, ob es ein Lemmingjahr ist? Ganz einfach daran, dass diese kleinen Nager wirklich überall herumlaufen oder ihre toten Körper auf dem Boden und im Wasser liegen. In normalen Jahren werden Sie nur sehr selten mal ein Nagetier sehen und dann wahrscheinlich im Vorzelt an ihrem Essensvorrat. Es ist also nicht generell gefährlich, eine Begegnung mit einer Maus oder einem Lemming zu machen, da die Krankheit eigentlich nur in den Jahren auftritt, in denen die Anzahl der Tiere zu hoch ist und die Bakterie sich durch den Kot der Tiere ausbreitet. Falls es also ein Lemmingjahr ist, so ist es zu empfehlen, sämtliches Wasser zu kochen oder zu desinfizieren. Außerdem sollten Sie darauf achten, weder in Kontakt mit toten Tieren noch mit Ausscheidungen zu kommen.

Die europäische Variante der Krankheit Tularämie ist bei Menschen jedoch nicht schwerwiegend, geht mit grippeähnlichen Symptomen einher und kann im Bedarfsfall mit Antibiotika behandelt werden.

Das Positive an der Überzahl der Lemminge ist die Auswirkung, die diese Futtertiere auf die Population der Polarfüchse, Eulen und Adler hat. Der Raubtierbestand schnellt nach einer Saison des Überflusses meist in die Höhe.

## Updates

Der Conrad Stein Verlag veröffentlicht Updates zu diesem Buch, die direkt von der Autorin oder von Lesern dieses Buches stammen. Sie finden diese auf der Verlagshomepage www.conrad-stein-verlag.de. Der abgebildete QR-Code führt Sie direkt dorthin.

# Wandern mit Hund

Für die Mitnahme Ihres Hundes nach Norwegen gelten folgende Regeln: Sie benötigen einen EU-Heimtierausweis, der die termingerechte Durchführung aller notwendigen Impfungen (vor allem gegen Tollwut) belegt. Ihr Hund muss zudem mit einem Microchip gekennzeichnet sein. Fragen Sie Ihren Tierarzt vor der Reise nach den aktuellen medizinischen Einreisebestimmungen! Nicht alle Fluggesellschaften nehmen Hunde mit, informieren Sie sich im Vorfeld über geeignete und zugelassene Transportboxen.

Einmal in Norwegen angekommen, sind die Regeln recht klar. Es gibt einen generellen Leinenzwang in den Sommermonaten, vom 1. April bis zum 20. August. Zeigen Sie besonders in der Nähe von Rentierherden Respekt – trächtige Tiere oder kleine Kälber lassen sich von einem bellenden Hund schnell in Panik versetzen.

☺ Fragen Sie bei der Buchung einer Unterkunft stets nach, ob Hunde zugelassen sind.

Generell ist die Wanderung auf dem E1 jedoch gut für Hunde geeignet.

Weitere Bestimmungen finden Sie auf
www.mattilsynet.no/language/english/animals/travelling_with_pets

**Trekking mit Hund** von Heiko Kühr, Conrad Stein Verlag, OutdoorHandbuch, Basiswissen für draußen Band 143, ISBN 978-3-86686-550-1, € 9,90

# Zoll

Sie können Nahrungsmittel und Getränke nach Norwegen einführen. Gerade bei Spirituosen, die dort im Vergleich zu anderen europäischen Ländern sehr teuer sind, gibt es jedoch feste Obergrenzen. Höchstens 1 Liter Spirituosen über 22 % und 2 Flaschen Wein sind gestattet. An Bier oder Alcopops dürfen höchstens 2 Liter pro Person in das Land gebracht werden. Für hochprozentigen Alkohol müssen Sie mindestens 20 Jahre alt sein.

www.toll.no/en/l/languages/de/norwegische-zollbestimmungen1

Für die Angler kann es gut zu wissen sein, dass Sie lediglich 15 kg Fisch ausführen dürfen.

# Der E1 von Kautokeino zum Nordkap in 15 Etappen

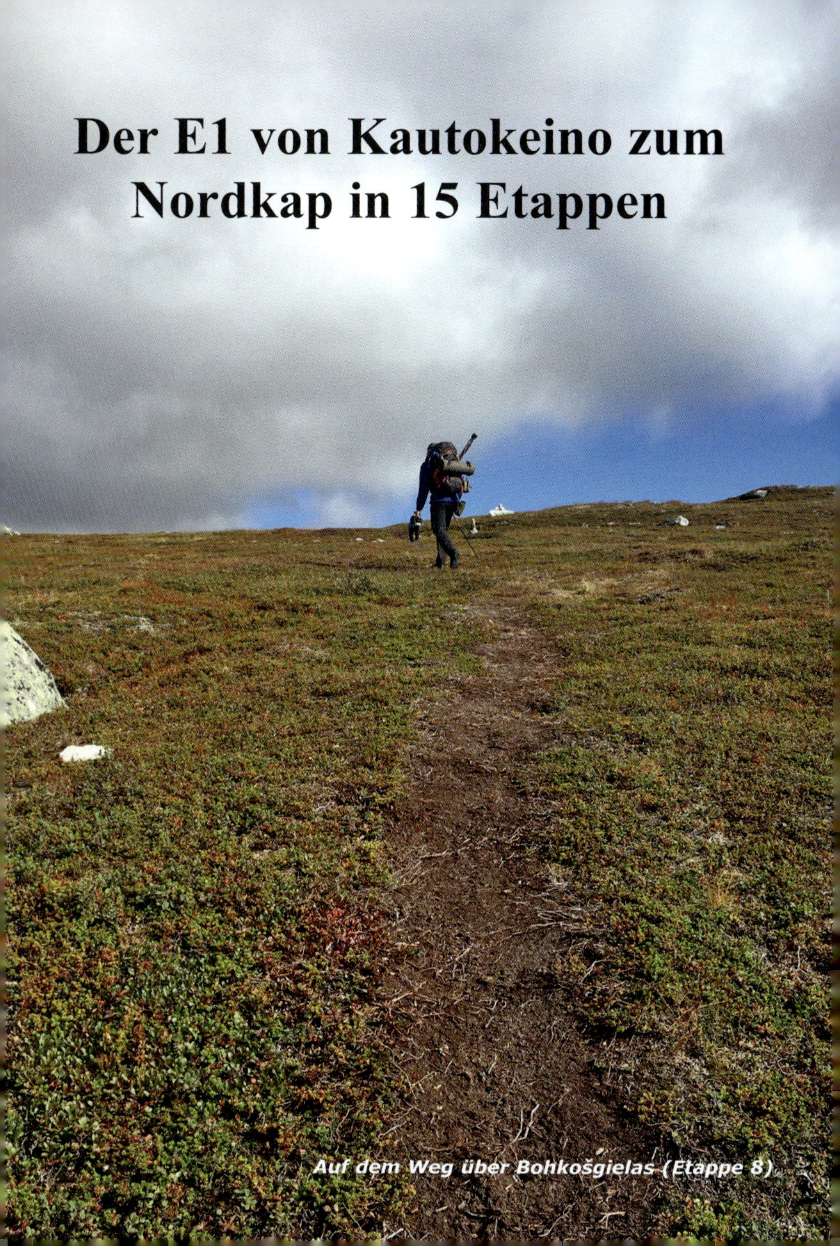

*Auf dem Weg über Bohkošgielas (Etappe 8)*

# Kautokeino

Kautokeino, Guovdageaidnu auf Nordsamisch, mag auf den ersten Blick wenig mehr als ein unauffälliges Dorf sein, ist jedoch ein regionales Handelszentrum für die Finnmark und von zentraler Bedeutung für die Sámi. Von den knapp 1.400 Personen, die im Ort leben, sprechen 90 % Samisch und hier befindet sich, unter anderem, das samische Nationaltheater Beaivváš, die Samische Universität, das norwegische Sámi Radio, das samische Museum und die einzige Schule für Rentierhaltung im Land.

Auch wenn der Ort zunächst klein und unscheinbar wirkt, lohnt es sich also, hier ein wenig Zeit zu verbringen und zum Beispiel dem **Heimatmuseum** *Kautokeino bygdetun* oder der nach dem Zweiten Weltkrieg erbauten Kirche einen Besuch abzustatten. Falls Ihnen der Sinn nicht nach kulturellen Aktivitäten steht, so können Sie hier auf jeden Fall alles Nötige einkaufen, Geld abheben und einen Kaffee trinken, bevor Ihre Wanderung beginnt.

Website des Heimatmuseums und Öffnungszeiten www.rdm.no/deutsch

Die Touristeninformation befindet sich im **Thon Hotel**, etwas nördlich des Stadtzentrums, und ist durchgehend geöffnet.

Das oben genannte Thon Hotel ist ein dreisterniges Hotel mit Restaurant, Jacuzzi und Sauna, unweit des Stadtzentrums. Preis ab € 90 pro Nacht für zwei Personen. Biedjo-

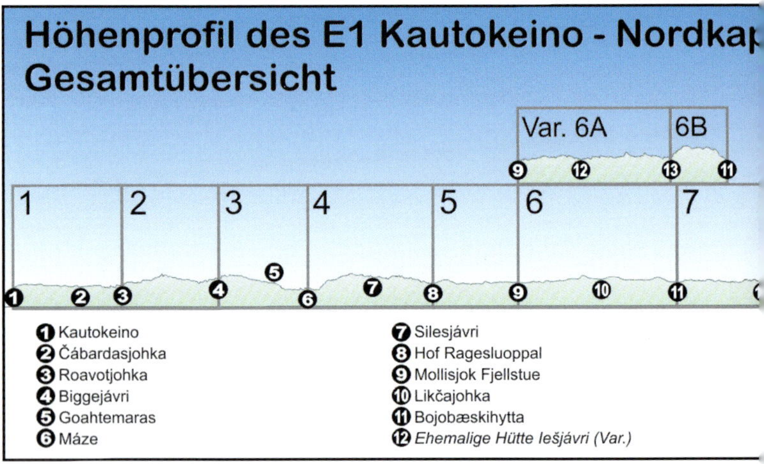

vággeluodda 2, 9520 Kautokeino, 47/78 48 70 00, kautokeino@thonhotels.no, www.thonhotels.no

Das **Arctic Motell** ist ein Campingplatz südlich des Zentrums und bietet zusätzlich Hütten verschiedenen Standards zur Übernachtung an. Eine Hütte für zwei Personen kostet ab NOK 400 pro Nacht. Für das Zelten ist keine Voranmeldung erforderlich. Suomaluodda 16, 9520 Kautokeino, 47/78 48 54 00, samicamp@me.com, www.arcticmotel.com

♦ Das **Adventurecamp** liegt ein paar Hundert Meter nördlich des Arctic Motell und bietet ähnliche Unterkünfte an. Eine Übernachtung in einer Hütte für zwei Personen kostet ab NOK 500. Suomaluodda 12, 9520 Kautokeino, 47/90 89 82 90, www.adventurecamp.no

Es gibt drei große **Supermärkte** im Ort, einen Coop mit Postamt im Ortszentrum und einen Rema 1000 Discounter südlich des Ortes, kurz bevor Sie zu den Campingplätzen kommen. Am nördlichen Ortsausgang findet sich seit Kurzem ein Coop Extra.

Eine Bank finden Sie nahe dem Coop Supermarkt, hier können Sie Geld abheben. Dies ist die einzige Möglichkeit, entlang des gesamten Weges Bargeld abzuheben, allerdings können Sie nahezu überall auch mit Karte bezahlen.

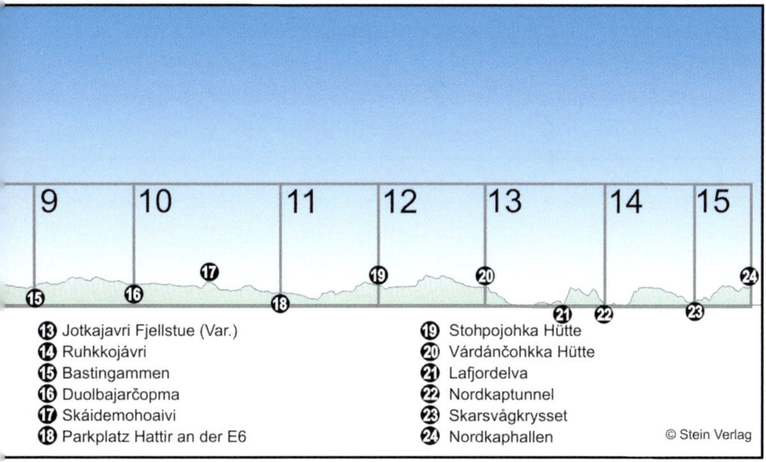

# Etappe 1: Kautokeino – Mierojávri

*23,7 km, 5 Std., ↑ 163 m, ↓ 144 m, ⇧ 301 – 363 m*

| | | |
|---|---|---|
| 0,0 km | ⇧ 308 m | Kautokeino Zentrum |
| 0,7 km | ⇧ 339 m | Hotel Thon |
| 2,8 km | ⇧ 343 m | Kautokeino Flugplatz |
| 14,7 km | ⇧ 290 m | Überquerung des Flusses Čábardasjohka, Landstraße 93 |
| 19,1 km | ⇧ 332 m | Erneutes kreuzen mit der Landstraße 93 |
| 23,7 km | ⇧ 329 m | Brücke bei Mierojávri |

Kautokeino wird bis Máze (Etappe 3) Ihre einzige Möglichkeit sein, Proviant zu kaufen. Nutzen Sie die Annehmlichkeiten dieser gemütlichen Kleinstadt also, bevor Sie sich auf den Weg machen. Auf diesem ersten Wandertag verlassen Sie Kautokeino nach Norden hinaus und gehen auf einem angenehm zu wandernden, breiten Weg in den Birkenwald hinein, in Richtung Máze.

Gehen Sie vom Supermarkt und der Esso Tankstelle nach Norden, entlang der Landstraße. Wenn Sie den Fußballplatz zu Ihrer Rechten sehen, biegen Sie links ab und kommen nun am Thon Hotel vorbei. Dies ist das einzige Hotel des Ortes und hier befindet sich auch die Touristeninformation.

Nach 500 m biegen Sie nach rechts in die Straße Gahkkorluodda ein, ein kleiner See befindet sich nun zu Ihrer Linken. Die Straße wird zu einer Schotterpiste und verlässt schon bald die Ortschaft. Die Landschaft ist eine angenehme Mischung aus verstreuten Birken und typischer Tundra-Fauna. Ungefähr 3 km nach dem Beginn Ihrer Wanderungen kommen Sie an dem kleinen Flugplatz Kautokeinos vorbei. Dieser ist heutzutage eine Trainingsstrecke für lokale Auto- und Motorradrennen.

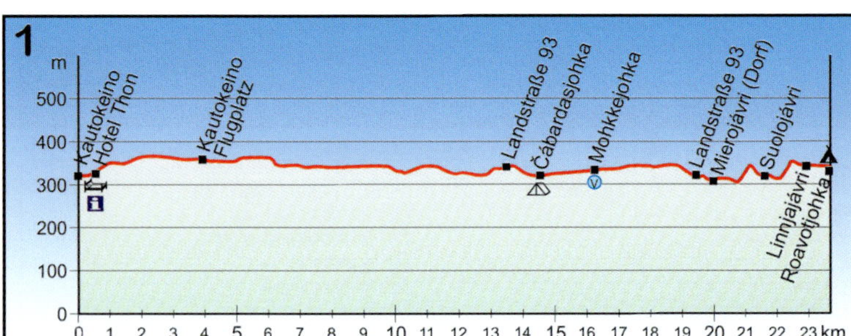

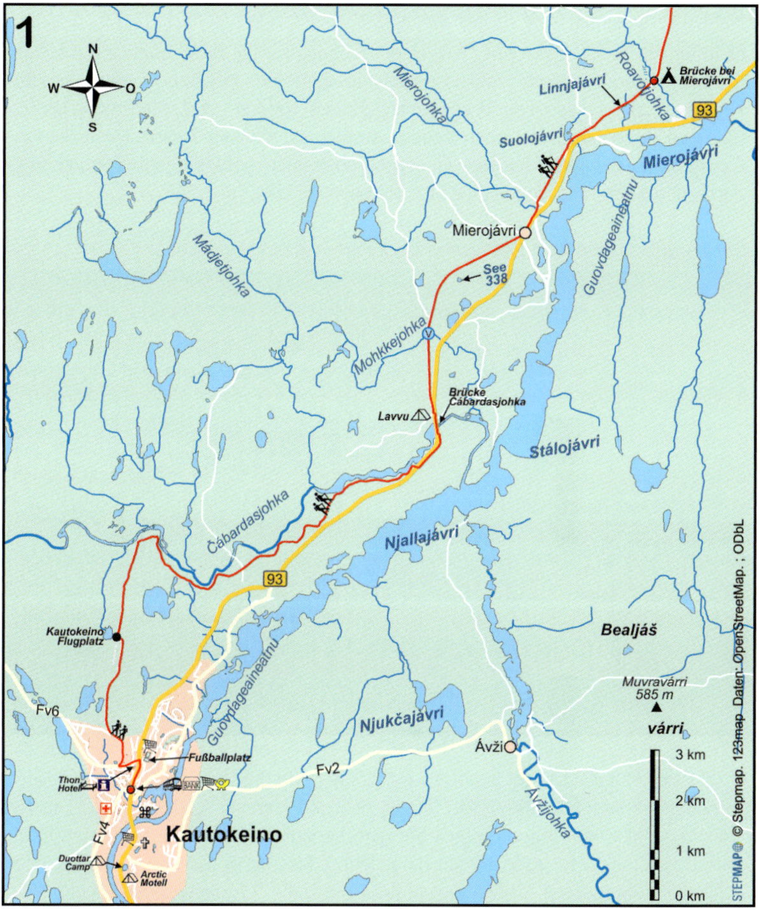


Die 1.200 m lange und 40 m breite Piste des **Flugplatzes Kautokeino** wurde in den frühen 1940er-Jahren von der deutschen Luftwaffe gebaut und war als strategischer Platz für Notlandungen gedacht. Nach dem Krieg wurde der Flugplatz vor allem von der norwegischen Armee verwendet, in den letzten Jahren war jedoch auch der Ausbau zu einem zivilen Flughafen im Gespräch, bisher jedoch ohne Ergebnis. Letztendlich ist es doch unwahrscheinlich, dass hier noch ein ziviler

Flughafen entstehen wird, da der *Alta Lufthavn* doch sehr nahe liegt und Kautokeino nicht einmal 2.000 Einwohner hat. In der Finnmark sollte diese unglaublich kleine Bevölkerungszahl jedoch nicht als Ausschlusskriterium gesehen werden. Andere Flughäfen, die täglich von Widerøe angeflogen werden, sind Mehamn, Hasvik, Båtsfjord oder Vardø, die noch deutlich weniger Einwohner haben. Mehr als das Gewinnpotenzial steht bei der Fluggesellschaft hier wohl die Subventionierung durch den Staat, der die Landflucht verhindern möchte, im Fokus.

*Der Flugplatz, von den Deutschen im Zweiten Weltkrieg gebaut*

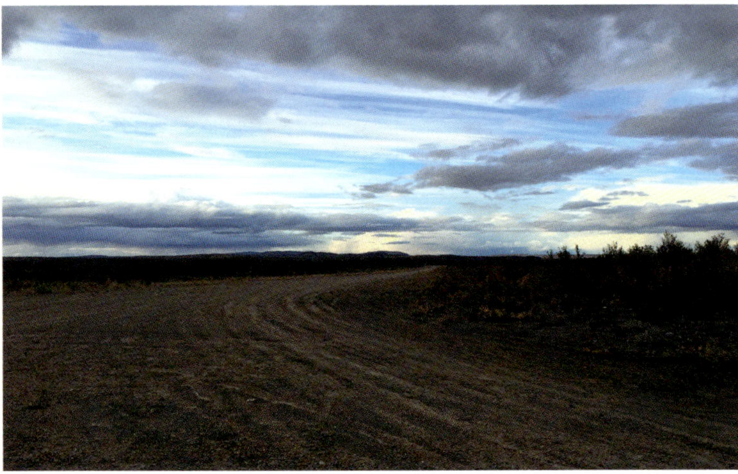

Da der Flugplatz kaum genutzt wird, können Sie die Piste als Wanderweg verwenden. Sie lassen den Flugplatz hinter sich und kommen zum Ufer des Flusses Čábardasjohka. Von nun an folgen Sie dem Verlauf des Flusses, der sich zu Ihrer Linken schlängelt, für gute 10 km. Ungefähr 1 km, bevor Sie den Čábardasjohka schließlich überqueren, stoßen Sie auf die Landstraße 93, die von Kautokeino nach Alta führt. Sie folgen nun dem Straßenverlauf. Nachdem Sie die Brücke überquert haben, biegen Sie auf der linken Straßenseite erneut in eine Piste ein.

⛺ Hier befindet sich ein großes Lavvu, ein samisches Zelt, einem Tipi ähnelnd, in dem Sie übernachten können. Das Lavvu steht nur in der Hochsaison im Juli und gehört einem lokalen Samen.

ℹ Für mehr Information und eine Reservierung kontaktieren Sie ☏ 47/45 47 26 65.

Der Weg, auf dem Sie sich befinden, verläuft eine Weile parallel zur Landstraße, bevor er schließlich vom Birkenwald umschlossen wird. Sie kreuzen eine Stromleitung und furten den Fluss Mohkkejohka. Kurz darauf gehen mehrere Schotterpisten nach links und rechts vom Weg ab, doch Sie gehen weiterhin nach Norden. Der See 338 liegt zu Ihrer Rechten und ein umgebendes Moorgebiet kann den Weg hier sumpfig machen. Über einen unbewaldeten Abschnitt führt der E1 nun wieder an die Landstraße heran. Als Ziel dieser Etappe ist Mierojávri angegeben, dies ist jedoch eher ein symbolisches Ziel, da es hier weder Unterkunft noch Verpflegung gibt. Geeignete Zeltplätze im Wald, nahe dem Fluss Mierojohka sind jedoch zahlreich vorhanden. Das Dörfchen Mierojávri selbst ist an der Landstraße 93 gelegen und besteht lediglich aus einigen Häusern.

Dieser Art von Etappenziel werden Sie auf dieser Wanderung mehrere Male begegnen, da es bisher noch nicht genügend Unterkünfte für Wanderer entlang des Weges gibt. Die Finnmark ist so dünn besiedelt, dass oft Dutzende von Kilometern zwischen zwei Häusern liegen. Eine Situation, die für Besucher aus Mitteleuropa wirklich ungewohnt ist, aber gleichzeitig das Gefühl großer Freiheit in der Natur vermittelt.

*Moltebeeren*

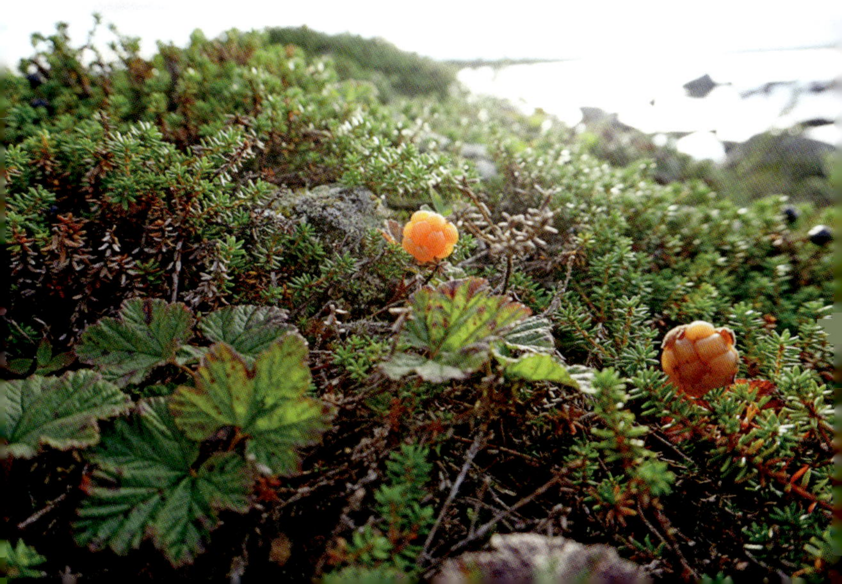

# Etappe 2: Mierojávri – Biggejávri

*➲ 21 km, ⌛ 5 Std., ↑ 304 m, ↓ 222 m, ⇧ 338 – 530 m*

*🕮 Kartenblätter: 10165 Guovdageaidnu und 10170 Máze*

| | | |
|---|---|---|
| 0,0 km | ⇧ 338 m | Nahe Mierojávri ⛺ |
| 9,2 km | ⇧ 530 m | Höchster Punkt der Etappe |
| 15,8 km | ⇧ 418 m | See Skárreluoppal |
| 17,6 km | ⇧ 407 m | Rentierzaun |
| 20,9 km | ⇧ 420 m | See Biggejávri ⛺ |

*Die heutige Etappe verläuft auf einer alten Postroute, die in den 1930er-Jahren angelegt wurde und von Kautokeino über die bewirtschafteten Berghütten Gargia und Suolovuopmi nach Alta verläuft. Diese Schotterpiste ist heute als Fahrrad- und Wanderweg markiert und jedes Jahr findet hier das Fahrradrennen* Bingesrittet *statt - die Streckenführung ist also denkbar unkompliziert.*

💻 www.bingesrittet.no

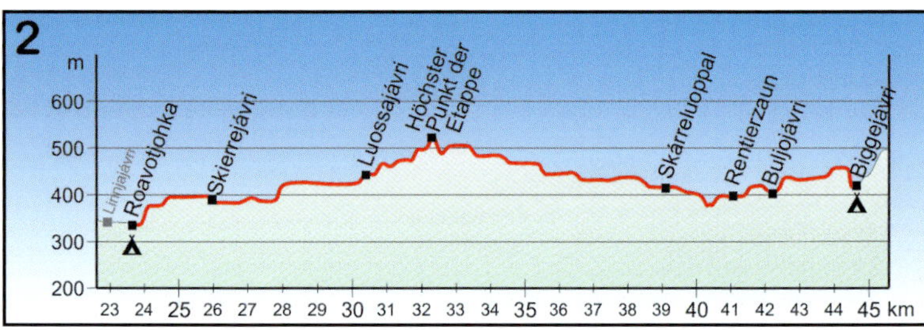


Bei dem Dorf Mierojávri sind Sie nahe der Landstraße und können nun einem Pfad folgen, der entlang der Stromleitung nach Norden führt. Nach etwas mehr als 1 km kommen Sie schließlich zu der Postroute, die an dieser Stelle von der 93 abweicht. Bis zu diesem Punkt können Sie alternativ auch auf der Landstraße gehen. Sie setzen Ihre Wanderung in nordöstlicher Richtung, an den Seen Suolojávri und Linnjajávri vorbei, auf dieser Piste fort. Mehrere kleinere Wege gehen rechts und links von der Postroute ab, doch Sie wandern immer weiter geradeaus. Weiter geht es im Birkenwald über den flachen Fluss Roavotjohka und dann langsam bergauf zum See Skierrejávri, der auf 380 m liegt.

Der E1 gewinnt weiter an Höhe, überquert den Fluss Gálljinjóhka und kommt am Punkt 445 sowie dem See Luossajávri vorbei. Auf der Höhe Luossajávris teilt sich der Weg, Sie halten sich rechts. Nun kommen Sie endgültig aus dem Wald hinaus und passieren den Gipfel Ráigečorru der mit 562 m Höhe zu Ihrer Rechten liegt. Weiter geht es, stets gen Norden, über ein offenes und flaches Plateau mit Namen Luossačahca. Noch einmal teilt sich der Weg und eine Schotterpiste biegt nach Osten ab. Sie halten jedoch erneut Ihren Kurs nach Norden. Nun geht es langsam wieder bergab und nach etwas mehr als 2 km kommen Sie erneut in den Wald, wo der Weg abschnittsweise sehr matschig sein kann. Sie passieren die Seen Skárreluoppal und Skárrejávri und gelangen bald darauf zu einem Rentierzaun, der eine Pforte hat und sich somit leicht durchqueren lässt. Beim See Buljojávri gibt es gute Möglichkeiten zum Zelten, ansonsten bietet es sich an, einen Platz am Ufer des großen Sees **Biggejávri** zu suchen, wo die heutige Etappe offiziell endet.

☝ Der E1 ändert seinen Verlauf und biegt auf Höhe des südlichen Seeufers scharf nach Osten ab. Achten Sie auf die roten Markierungen.

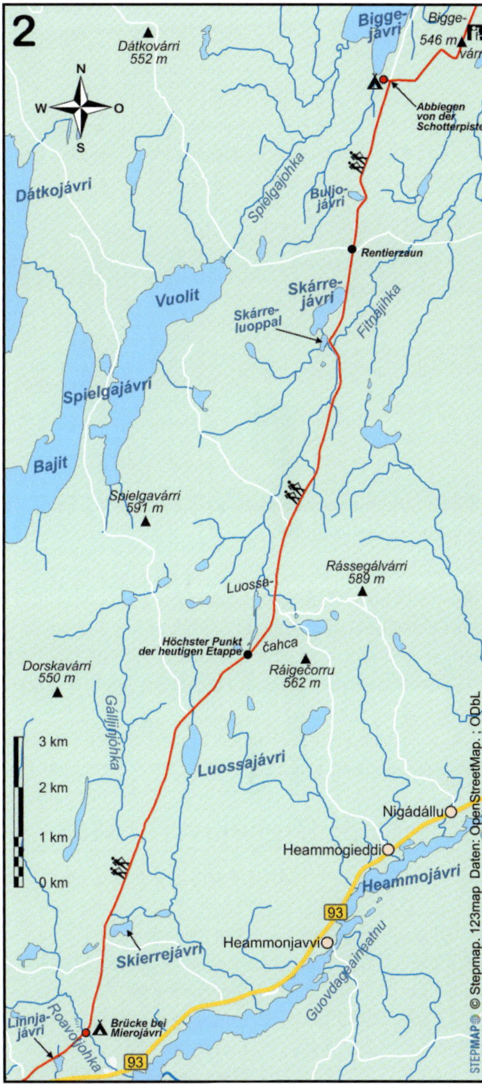

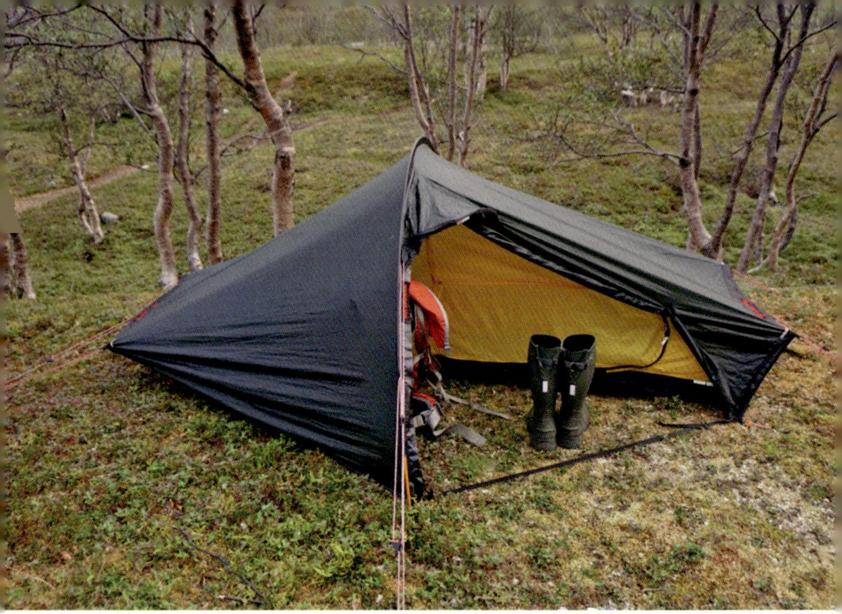

*Zeltplatz bei Biggejávri*

Sowohl Skárrejávri, als auch Buljojávri und natürlich Biggejávri eignen sich ausgezeichnet zum Angeln. Auf dem See Biggejávri ist es Anwohnern der Finnmark sogar gestattet, von einem Boot aus mit Netz zu fischen. Hier können Sie mit etwas Glück und Geduld sowohl Hechte als auch Forellen an der Angel haben.

Handyempfang haben Sie auf dieser Etappe an den höher gelegen Stellen. Weiter unten im Wald oder tiefer im Tal gelegen gibt es oft keinen Empfang.

## Etappe 3: Biggejávri – Máze

*19,4 km, 4,5 Std., ↑ 174 m, ↓ 315 m, ⇧ 265 – 511 m*
*Kartenblatt: 10170 Máze*

| | | |
|---|---|---|
| 0,0 km | ⇧ 420 m | See Biggejávri |
| 2,9 km | ⇧ 511 m | Höchster Punkt der Etappe |
| 5,7 km | ⇧ 448 m | See Rádjejávri |
| 14,4 km | ⇧ 275 m | Kreuzung mit der Landstraße 93 |
| 15,2 km | ⇧ 274 m | Furt Mázejohka |
| 19,4 km | ⇧ 276 m | Máze Zentrum |

*Die heutige Etappe führt sie durch Birkenwälder und über Erhebungen mit fantastischer Aussicht schließlich in das Dorf Máze. Máze hat ungefähr 350 Einwohner, nahezu alle Samen, und eine bewegte Geschichte. Die Kirche stammt aus dem 17. Jahrhundert, alle anderen Gebäude jedoch sind neueren Datums, da das gesamte Dorf im Zweiten Weltkrieg von den Nazis abgebrannt wurde. In den frühen 70er-Jahren des 20. Jh. wurden die Pläne für ein Wasserkraftwerk dem Dorf fast zum Verhängnis, da das Tal, in dem es liegt, überflutet werden sollte. 1996 erschütterte ein Erdbeben mit einem Wert von immerhin 4,2 auf der Richterskala das Dorf, das nahe einer tektonischen Bruchstelle liegt.*

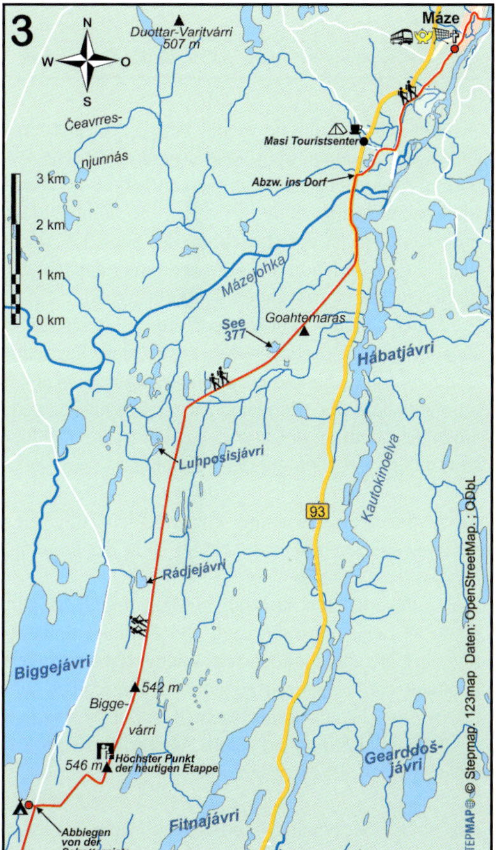


Sie beginnen Ihre Wanderung südlich des Sees Biggejávri, wo Sie die breite Schotterstraße verlassen und nach Osten auf eine Piste abbiegen. Der Weg schlängelt sich bergauf und kommt schließlich aus dem Wald hinaus. Von nun an geht es nach Norden.

Sie überqueren den Bergrücken Biggevárri und seine zwei höchsten Punkte mit 546 und 542 Metern. Von hier aus haben Sie einen scheinbar unendlichen Ausblick auf die von Wäldern, Seen und Tundra dominierte Landschaft der Finnmark. Auf dem Bergrücken ist das Wandern unkompliziert und der Untergrund stets trocken.

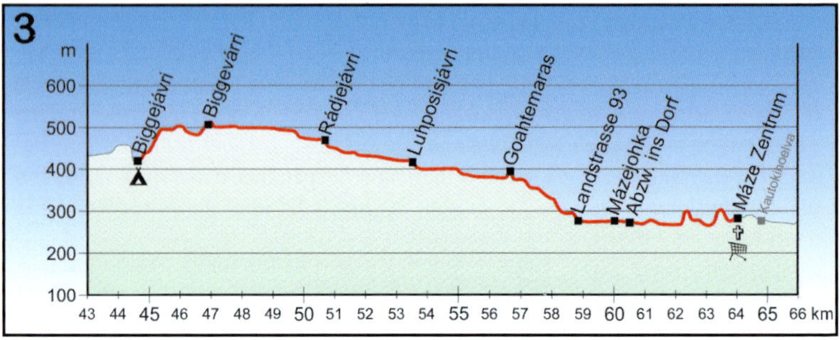


Nun geht es langsam wieder bergab, Sie passieren den See Rádjejávri zu Ihrer Linken und kommen dem Wald erneut näher. Die Wegführung ist denkbar einfach und führt Sie stetig näher an die Landstraße 93. Baumlose Abschnitte und Birkenwald wechseln sich ab und nahe dem See Luhposisjávri wird der E1 wieder zu einer breiteren Piste. In der Umgebung des Sees 377 durchqueren Sie die einzige moorige Passage für heute und kommen direkt danach, auf der Erhebung Goahtemaras, wieder auf leicht zu wandernden Untergrund.

Weiter hinunter geht es die letzten 2 km bis zur Straße, auch hier kann es nach starkem Regen abschnittsweise etwas matschig sein. Einmal an der Straße angekommen, folgen Sie dieser und haben nun 2 km auf Asphalt vor sich. Sie überqueren die Brücke über den Fluss Mázejohka und biegen danach nach rechts ab, wenn Sie in das Zentrum des Dorfes wollen. Ist Ihr Ziel für heute das Masi Touristsenter, so wandern Sie 1 km auf der 93 weiter.

Seien Sie vorsichtig, da es keinen Fußgängerweg gibt und hier 90 km/h gefahren werden darf. Der Verkehr ist in der Regel jedoch nicht besonders dicht.

Was die Übernachtung in Máze betrifft, so gibt es das Masi Turistsenter, das direkt an der Landstraße liegt. Der Komplex umfasst Hütten, einen Campingplatz und ein Café, steht jedoch seit Anfang 2016 zum Verkauf. Die Anlage ist weiterhin geöffnet, die Hütten warten jedoch offensichtlich seit einigen Jahrzehnten auf eine Renovierung. Ein weiterer Nachteil ist der Abstand zum Zentrum des Ortes, da es 2 km bis zum Supermarkt sind. ☏ 47/78 48 75 24 (E-Mail und Homepage sind nicht existent), 9525 Máze

Der Supermarkt **Nærbutikken Máze**, auch **Oves Varesenter** genannt, kann als das Herz des kleinen Ortes gesehen werden und wurde 2014 zum besten

Supermarkt in Nordnorwegen gewählt. Hier finden Sie eine recht breite Auswahl an Lebensmitteln, ein Postamt, zudem Medikamente und Angelzubehör. Mo bis Fr 10:00 bis 16:00 und 19:00 bis 20:00, Sa 10:00 bis 14:00, ☏ 47/78 48 75 44, narbutikken.masi@narbutikken.no

✝ Die Kirche des Ortes befindet sich direkt gegenüber dem Supermarkt und wurde erstmals im Jahre 1600 errichtet, damals als Kapelle. Zu jenem Zeitpunkt waren es noch die Schweden, die über diese Region herrschten. 1721 wurde die erste Kirche offiziell eingeweiht, nunmehr von der Dänisch-Norwegischen Kirche. Dieses Gebäude stand jedoch nur bis ins Jahr 1768. Danach wurde erst wieder im vergangengen Jahrhundert, im Jahr 1931, eine neue Kirche erbaut, die dann 1944 von der deutschen Wehrmacht abgebrannt wurde. Ein Schicksal, das unzählige Gebäude, Dörfer und Städte in Norwegen teilen. Die heutige Kirche wurde im Jahr 1965 erbaut und von dem Architekten Rolf Harlew Jenssen entworfen. Sie ist nahezu gänzlich aus Holz und bietet Platz für 150 Personen.

Der Handyempfang auf dieser Etappe ist gut, insbesondere nahe der Landstraße 93.

*Eine der Hütten vom Masi Turistsenter*

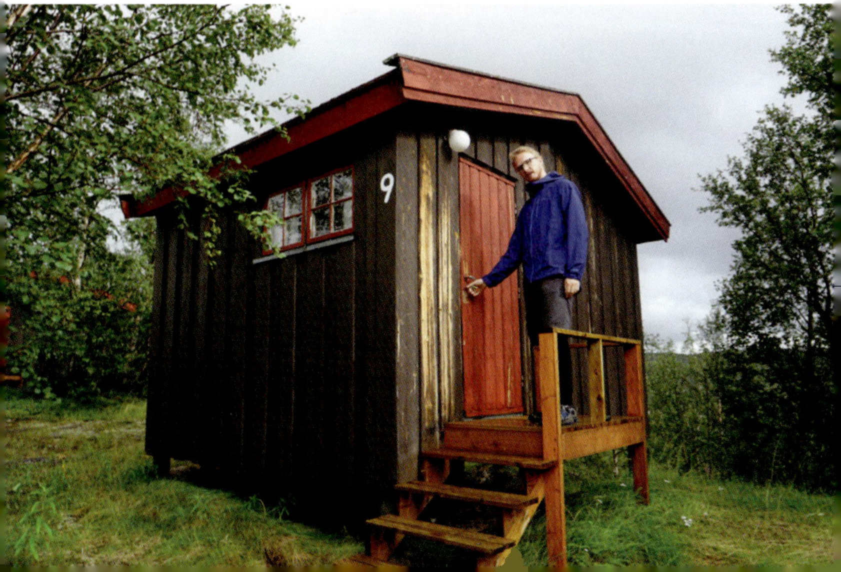

# Etappe 4: Máze – Rágesluoppal

*27 km, 7 Std., ↑ 330 m, ↓ 202 m, ⇧ 270 – 528 m*
*Kartenblatt: 10170 Máze*

| | | |
|---|---|---|
| 0,0 km | ⇧ 290 m | Brücke über den Kautokeinoelva in Máze |
| 1,9 km | ⇧ 271 m | Weggabelung, Beginn des Aufstiegs |
| 5,6 km | ⇧ 435 m | Flussüberquerung ⛺ |
| 14,4 km | ⇧ 458 m | Rentiergatter ⛺ |
| 20,0 km | ⇧ 491 m | Höchster Punkt der Etappe |
| 26,0 km | ⇧ 380 m | Furt Rágesjohka |
| 27,0 km | ⇧ 374 m | Rágesluoppal Hof ⛺ |

*Diese Etappe ist recht lang und es ist gut möglich, sie in zwei kürzere Tage aufzuteilen. Der Untergrund ist jedoch generell sehr freundlich und mühelos zu durchwandern und die einzige Schwierigkeit ist der Anstieg, direkt nachdem Sie das Dorf Máze verlassen haben.*

*Die Wanderung beginnt im Zentrum von Máze beim Supermarkt Oves Varesenter. Eine gute Gelegenheit, Proviant aufzustocken, Verpflegung gibt es erst wieder*

*Auf dem Weg nach Rágesluoppal*

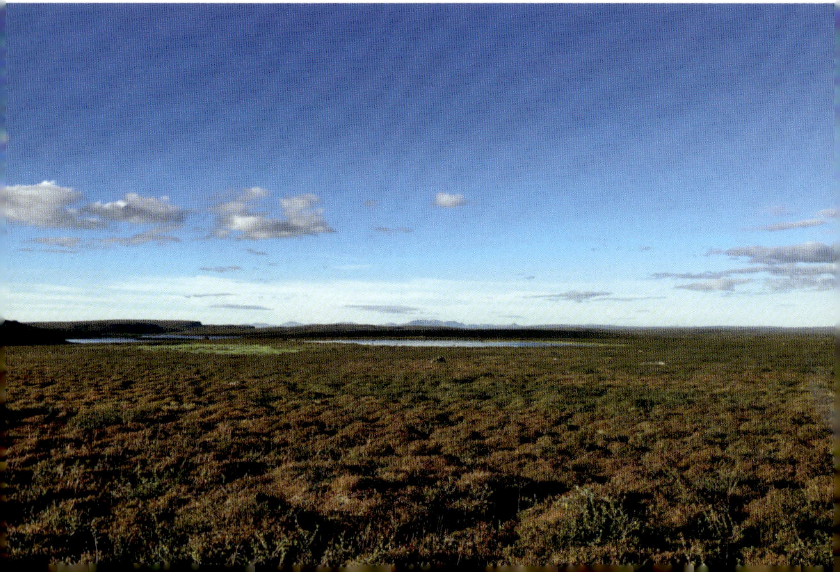

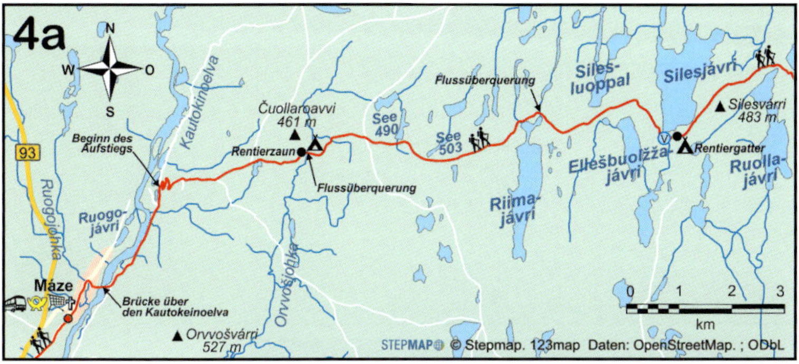


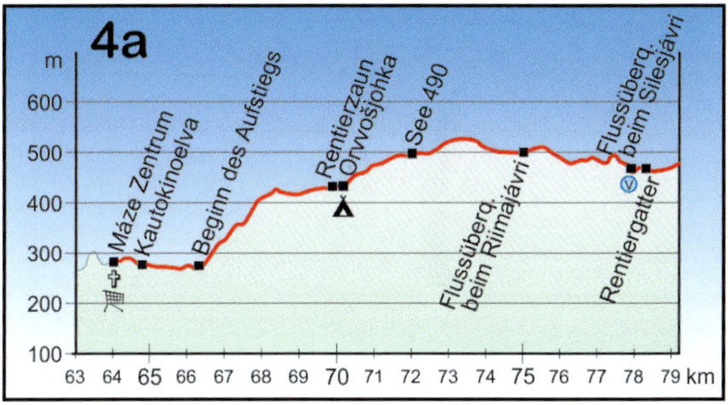


*in Mollisjok am Ende der fünften Etappe zu kaufen. Die heutige Wanderung führt Sie nach Rágesluoppal (zum Teil auch Rágesluobbal geschrieben), einem Haus mitten auf der Vidda, weitab der Straße. Die Besitzer sind ein älteres Ehepaar, die hier ohne Strom und Wasser leben. Sie haben allerdings ihren eigenen Generator, einen Traktor und Schneemobile, sind also nicht gänzlich von der Außenwelt abgeschnitten. In ihrem Garten befindet sich eine kleine, selbstgebaute Hütte, die sie zur Übernachtung anbieten.*

Vom Supermarkt aus folgen Sie der Straße nach Norden, biegen dann nach rechts ab und überqueren die Brücke über den Fluss Kautokeinoelva. Nun folgen Sie der Straße am östlichen Ufer des Flusses entlang, bis sich diese teilt und Sie nach rechts abbiegen, um den Aufstieg auf das Plateau zu beginnen. An dieser Weggabelung beginnen auch die roten T-Markierungen.

Es gibt mehrere Schotterpisten, die sich teilen und wieder zusammenlaufen, die Markierungen sind jedoch mehr als ausreichend. Östlich der Erhebung Čuollaroavvi endet schließlich der Birkenwald. Sie überqueren einen kleinen Wasserlauf und mehrere sumpfige Passagen nahe der Seen 490 und 503. Ansonsten ist der Weg breit, trocken und sehr einfach zu wandern. Bald darauf gehen Sie am nördlichen

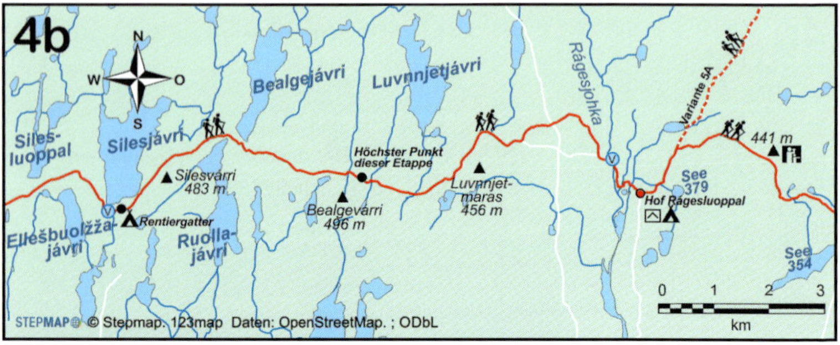


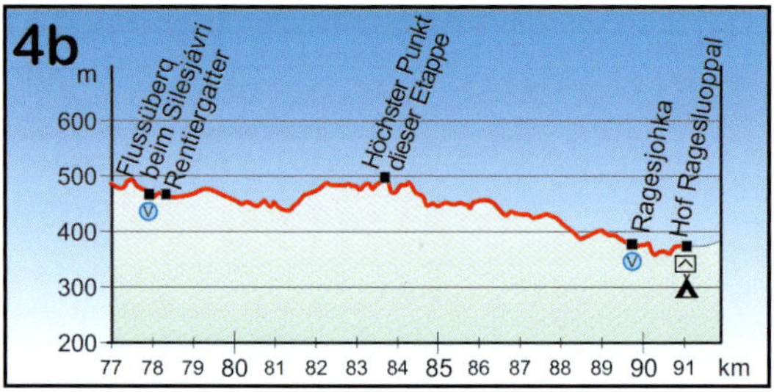


Ufer des Sees Riimajávri entlang und auch hier gibt es mehrere kleine Bäche zu furten. Zwischen den Seen Silesluoppal, der zu Ihrer Linken zu sehen ist, und Ellešbuolžžajávri zu Ihrer Rechten kann es erneut matschig werden. Circa 13 km nachdem Sie Máze verlassen haben, passieren Sie den See Silesjávri, der eine gute Gelegenheit bietet, die Etappe für heute zu beenden und am Ufer zu zelten. Hier gibt es schöne Möglichkeiten zum Wildcampen, die einigen Windschutz bieten. Der See selbst bietet sich natürlich zum Angeln an. Mögliche Zeltplätze gibt es aber ebenfalls an zahlreichen anderen Stellen dieser Etappe, da das Gelände fast überall offen und relativ flach ist.

Am südlichen Ufer von Silesjávri furten Sie einen kleinen Bach, gehen durch ein offenes Rentiergatter und verlassen dieses auf dem Hügel Silesvárri schließlich wieder. Östlich des Sees Ruollajávri beginnt die Hochebene Bealgevárri, die Sie überqueren. Von hier können Sie in die bewaldeten Täler hinunterschauen und die wunderschöne Seenlandschaft bestaunen. Nun beginnt der Abstieg hinunter in den Birkenwald durch einige recht feuchte Passagen östlich der Erhebung Luvnnjetmaras mit 456 Metern. Hier lassen sich oft reichlich Moltebeeren finden, die bevorzugt an moosigen, feuchten Passagen wachsen. Sehen Sie dies als einen Augleich für die nassen Füße und die schweren Schritte. Bald wird der Weg wieder zu einer Schotterpiste, die schließlich in den Fluss Rágesjohka hineinführt, der gefurtet werden muss.

Diese Überquerung ist, unter normalen Verhältnissen, die anspruchsvollste dieser Wanderung. Die Strömung ist relativ stark und das Wasser kann zuweilen tief sein. Der Wasserstand variiert jedoch stark. Während Rágesjohka für die Autorin im August 2016, nach einigen Wochen mit ungewöhnlich starken Regenfällen, hüfttief war, so hatte der Fluss sich bis Mitte Oktober desselben Jahres in einen plätschernden Bach verwandelt, der nicht mehr als knöcheltief war.

Nach der Furt folgen Sie dem Weg am Fluss entlang nach Süden und dann über einige Seitenarme des Flusses und nasse Abschnitte bis zum Hof von Rágesluoppal.

Am Hof sowie auf der gesamten Etappe gibt es guten Mobilempfang mit Telenor.

**Rágesluoppal** – Der Besitzer des Hofes vermietet eine kleine Hütte auf seinem Grundstück an Wandernde. Die kleine Hütte hat zwei Stockbetten, einen Kamin und einen Gasofen. Klopfen Sie an die Haustür oder rufen Sie die ☏ 47/99 15 20 33 an. Der Besitzer versteht nur sehr wenig Englisch. Übernachtungspreis: NOK 400 für eine Person, NOK 480, zwei Personen, NOK 560 drei Personen, NOK 640 für vier Personen.

*Rágesluoppal*

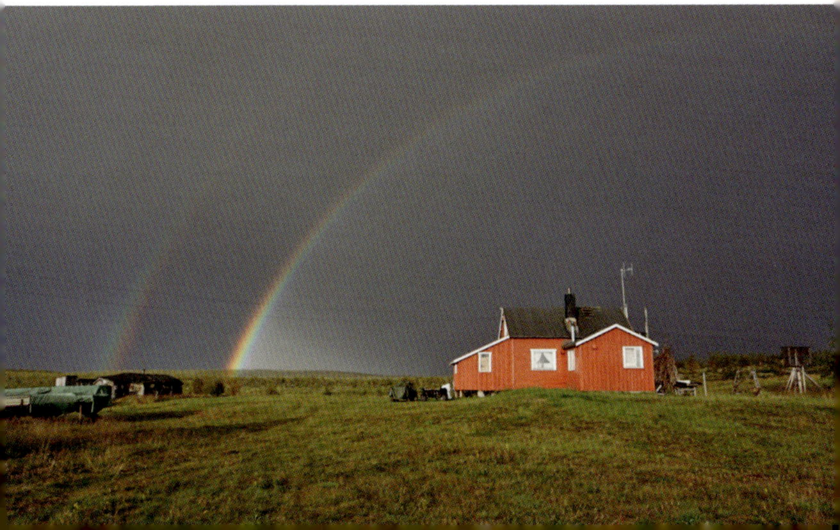

# Etappe 5: Rágesluoppal – Mollisjok

➲ *18,4 km,* ⌛ *5 Std.,* ↑ *129 m,* ↓ *114 m,* ⇧ *426 – 349 m*
*Kartenblatt: 10170 Máze*

| | | |
|---|---|---|
| 0,0 km | ⇧ 365 m | Rágesluoppal Hof und Übernachtungshütte |
| 1,3 km | ⇧ 395 m | Weggabelung Etappe 5 und 5A |
| 4,0 km | ⇧ 426 m | Höchster Punkt der Etappe |
| 7,0 km | ⇧ 360 m | Weggabelung |
| 18,1 km | ⇧ 386 m | Brücke über den Fluss Iešjohka |
| 18,4 km | ⇧ 384 m | Mollisjok Fjellstue |

*Die heutige Etappe führt Sie zumeist durch Birkenwald und ohne größere Höhenunterschiede am Fluss Iešjohka entlang zu der vom norwegischen Staat geführten Berghütte Mollisjok. Die Etappe ist unkompliziert und einfach zu wandern, da sie jedoch recht tief im Tal verläuft, kann es ziemlich feucht sein. Falls es intensiv geregnet hat oder die Schneeschmelze noch nicht abgeschlossen ist, kann sich hier Etappe 5A über Rágesvávrri und Gárdevárri als Alternative empfehlen.*

Folgen Sie dem gut markierten Weg in nordöstlicher Richtung aus dem Garten des Hofs hinaus. Gleich zu Beginn ist ein Bach, der aus dem See 379 stammt, zu überqueren. Nach ungefähr 1 km teilt sich der Weg und ein unmarkierter Traktorweg setzt geradeaus fort, während der markierte und ebenso breite Wanderweg nach rechts abbiegt. Wenn Sie sich für die Etappe 5A entschieden haben, so gehen Sie hier geradeaus.

Schlagen Sie den markierten Pfad in Richtung Osten ein, langsam aufsteigend zur Erhebung 441, dem höchstgelegenen Punkt des heutigen Tages. Von diesem geht es in südöstlicher Richtung wieder hinunter in den Wald, teilweise durch recht feuchtes Gelände. Zu Ihrer Rechten verläuft ein Bach, der in den See 354 mündet. Diesen furten Sie und treffen kurz darauf auf einen quer verlaufenden Stieg, der Sie nach Norden führt. Folgen Sie den roten Markierungen im Wald aufmerksam, denn

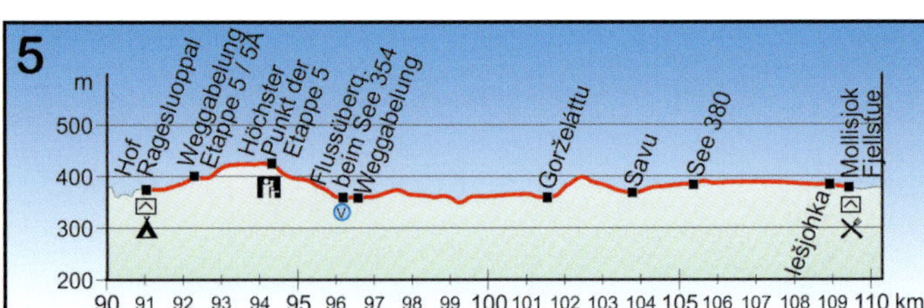

auf dieser Etappe ist es möglich, den noch nicht so ausgetretenen Pfad aus den Augen zu verlieren. Der Rest der heutigen Wanderung verläuft parallel zum Fluss Iešjohka, auch wenn dieser nicht immer in Sichtweite ist.

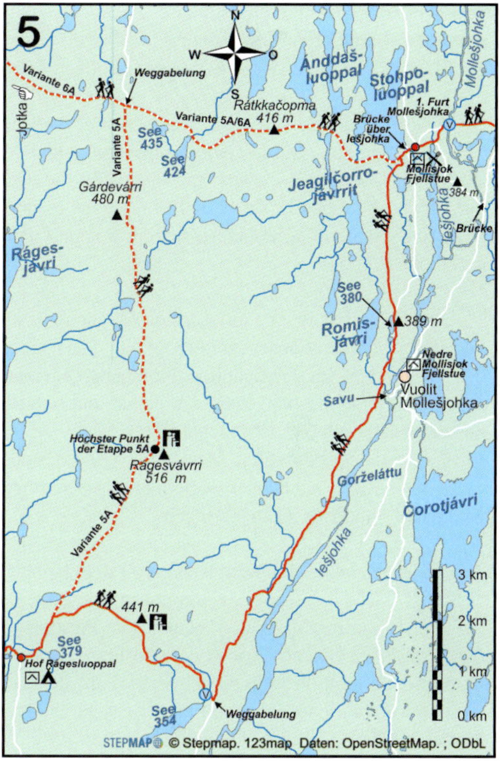


⌂ Bei der Flussbiegung Gorželáttu und Savu, nahe der Hütten des unteren Mollisjok (Vuolit Mollešjohka), kommen Sie dem Fluss sehr nahe. Hier gibt es eine Touristenhütte, die jedoch am anderen Ufer liegt. Diese Hütte hat keine Homepage, lässt sich auf Facebook jedoch unter **Nedre Mollisjok Fjellstue** finden. Hierhin verirren sich wenige Touristen aus dem Ausland, doch dieses Gasthaus bietet Sommer wie Winter viele interessante Aktivitäten an. Von hier aus lassen sich Angler und Jäger mit dem Wasserflugzeug zu abgelegenen Seen und Jagdgründen fliegen, hier findet jedes Frühjahr ein Musikfestival statt, es gibt Drei-Gänge-Menüs und Schneemobil-Safaris. Im Winter kontrolliert die Polizei auf dieser Strecke sogar häufig die Schneemobilfahrer, die nach einem feuchtfröhlichen Abend auf der Hütte, auf dem Weg zurück nach Alta oder Karasjok sind.
☏ 47/91 17 79 75

Sie setzen die Wanderung nach Norden fort und es geht nun wieder etwas bergauf, auf weniger sumpfigem Untergrund. Sie passieren den Punkt 389 und schon bald liegt der See Romisjávri zu Ihrer Linken. Nachdem Sie den See 380 hinter sich gelassen haben, kommen Sie hinunter zur Wegkreuzung mit dem Wanderweg zwischen den Berghütten Mollisjok und Jotka. Nun überqueren Sie nur noch die Brücke über Iešjohka und sind am Ziel der heutigen Etappe angekommen.

**Mollisjok Fjellstue** ist eine der letzten drei **norwegischen Berghütten**, die noch vom Staat betrieben werden (statens fjellstue). Die Route entlang der Hütten Jotkajavri, Mollisjok und Ravnastua war lange Zeit die wichtigste Verbindung zwischen den Städten Alta und Karasjok und ist noch heute eine beliebte Strecke für Radfahrer, Wanderer und Geländefahrzeuge im Sommer sowie für Skifahrer und Schneemobile im Winter.

Die Hütten bieten eine fantastische Möglichkeit, die Finnmarksvidda ohne Zelt, Schlafsack oder Gaskocher zu überqueren, also eine andere Art der Wanderung als der E1, auf dem Sie sich befinden. Nun haben Sie aber die Gelegenheit, zumindest eine Nacht im gemachten Bett zu schlafen und sich eine warme Mahlzeit servieren zu lassen. Denken Sie daran, spätestens, wenn Sie in Kautokeino sind, hier anzurufen und die gewünschten Mahlzeiten vorzubestellen. Da es selbstverständlich weder eine Straße noch einen Supermarkt in der Umgebung gibt, muss die Hüttenwirtin sehr langfristig planen können.

Die staatlichen Berghütten wurden ab dem Jahre 1840 eröffnet und sollten vor allem den staatlichen Angestellten sowie Priestern, Ärzten und anderen Beamten bei ihrer Reise über die Vidda dienen. Die Personen, die die Hütte bewirten, werden *Oppsitter* genannt. Dies ist eine Position, die innerhalb der Familie von Generation zu Generation weitergegeben wird. In der Mollisjok Hütte können Sie im Gesellschaftsraum an der Wand zum Beispiel ein Portrait von *Mor Mollisjok*, der Mutter Mollisjoks, finden. Die jetzige Hüttenwirtin, Margi Eriksen Opgård, wuchs hier draußen auf der Vidda auf, es war jedoch ihr Bruder, der die Hütte letztendlich übernahm, während Sie in Alta arbeitete. Nach dem Tod des Bruders entschied sie sich, wieder in die Einsamkeit auf das Hochplateau zu ziehen.

Falls Sie sich dazu entscheiden, die Etappe 6A zu wandern, so werden Sie das Vergnügen haben, die zweite der drei noch bestehenden Berghütten, Jotka Fjellstue, kennenzulernen. Weitere Berghütten, die früher dem Staat gehörten und auch von den Samen beim Umzug von den Weidegründen im Frühjahr und Herbst genutzt wurden, sind mittlerweile privatisiert. Dies liegt vor allem daran, dass mehr Straßen gebaut wurden und zahlreiche der Hütten nun nicht mehr als Zufluchtsort weit in der Wildnis liegen, sondern eher als Gasthaus mit einem Parkplatz direkt vor der Tür zu betrachten sind. Die Aufgabe und die Besucher dieser Gasthäuser haben sich über die Jahre also radikal verändert. Beispiele für diese ehemalig abgeschiedenen Berghütten sind Suolovuopmi Fjellstue, Gargia Fjellstue und Láhpoluoppal Fjellstue. Falls Sie die Gelegenheit haben, in der Finnmark herumzureisen, sind diese definitiv einen Besuch wert.

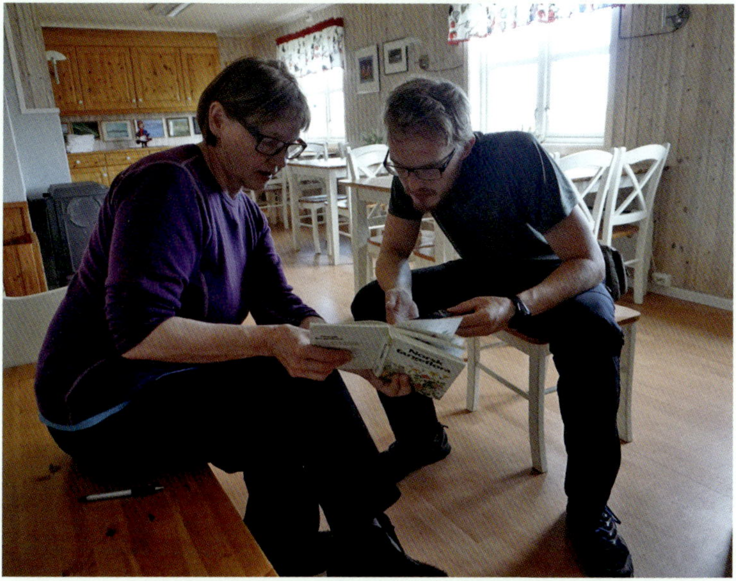

*Hüttenwirtin Margit Eriksen Opgård erklärt die lokale Fauna und welche Beeren man essen kann.*

Die **Mollisjok Fjellstue** ist das ganze Jahr über bewirtschaftet. Hier können Sie Proviant kaufen und übernachten. Warme Mahlzeiten und Sauna müssen rechtzeitig telefonisch vorbestellt werden. Eine Übernachtung kostet NOK 230 im eigenen Schlafsack oder NOK 360 im gemachten Bett. Sauna kostet NOK 100 pro Person, Abendessen ab NOK 220, Frühstück NOK 110 und ein kaltes Mittagessen zum Mitnehmen NOK 70, ☏ 47/78 46 91 16 oder 47/90 70 43 06, www.mollisjokfjellstue.no

Handyempfang haben Sie auf dieser Etappe nur vereinzelt. Gerade im Wald, tiefer im Tal gelegen, ist das Mobiltelefon relativ nutzlos. An der Hütte in Mollisjok ist der Empfang schlecht, aber es ist möglich, zumindest eine SMS zu versenden.

# Alternative Etappe 5A: Rágesluoppal – Mollisjok

*18,9 km, 5 Std., ↑ 279 m, ↓ 256 m, ⇧ 360 – 503 m*
*Kartenblatt: 10170 Máze*

| | | |
|---|---|---|
| 0,0 km | ⇧ 365 m | Rágesluoppal Hof und Übernachtungshütte |
| 1,3 km | ⇧ 395 m | Weggabelung Etappe 5 und 5A |
| 5,3 km | ⇧ 503 m | Höchster Punkt der Etappe |
| 12,2 km | ⇧ 443 m | Weggabelung |
| 18,7 km | ⇧ 386 m | Brücke über den Fluss Iešjohka |
| 18,9 km | ⇧ 384 m | Mollisjok Fjellstue |

*Dies ist die alternative Wegwahl für die Strecke zwischen dem Hof Rágesluoppal und der staatlichen Berghütte Mollisjok. Vorteile dieser Etappe sind eine weitere Aussicht über die Landschaft, da Sie vor allem oberhalb der Baumgrenze wandern. Zudem ist der Weg selbst, eine Piste, die von Geländefahrzeugen genutzt wird, deutlich leichter zu wandern als der teilweise sumpfige und weniger deutliche Pfad des eigentlichen Streckenverlaufs des E1. Auf einer Schotterpiste zu gehen, kann im ersten Moment als eine recht unattraktive Wahl im Vergleich zu einem lauschigen Wanderweg wirken. Sind Sie aber erstmal ein paar Tage in einem feuchten Monat in der Finnmark gewandert, so verschieben sich die Prioritäten schnell. Ein paar Stunden trockenen Fußes zu gehen, hat durchaus seinen Reiz.*

☺ *Denken Sie daran, bei Rágesluoppal Ihre Wasserflasche aufzufüllen. Die Strecke über die beiden Erhebungen Rágesvárri und Gárdevárri führt ausnahmsweise an keinem Fluss oder Bach vorbei. Notfalls könnten Sie natürlich Wasser aus einem der Seen am Weg entnehmen und aufkochen. Einen Fluss mit geeignetem Trinkwasser passieren Sie erst nach der Weggabelung bei km 12 am See 424.*

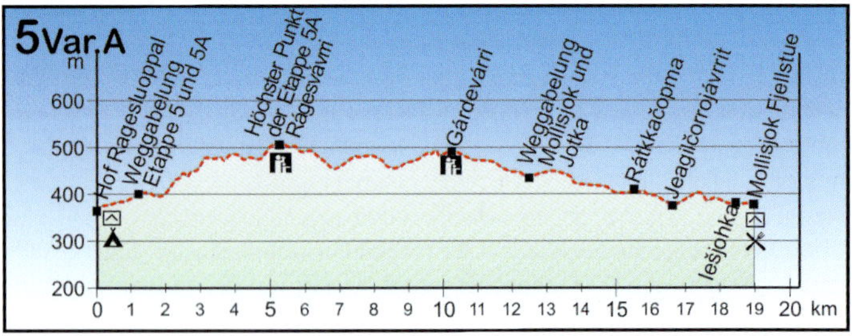

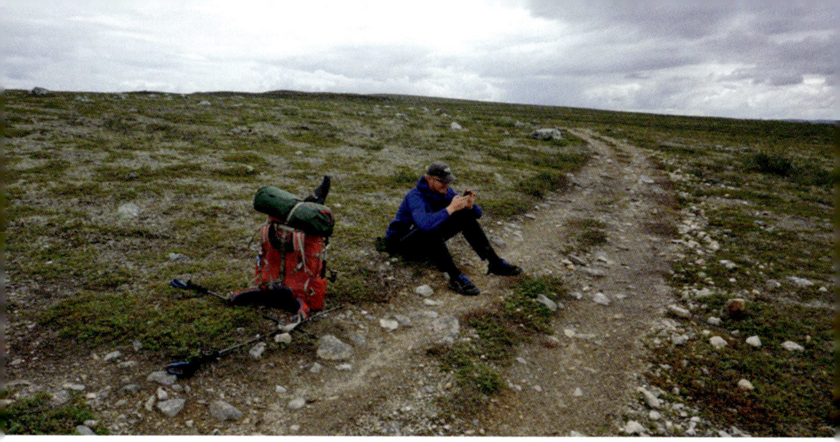

*Pause an der Weggabelung*

Folgen Sie dem markierten Weg vom Hof Rágesluoppal nach Norden. Nach 1,3 km, kurz vor dem See 388, teilt sich der Weg und während die roten T-Markierungen nach rechts gehen, folgen Sie dem Traktorweg geradeaus. Dieser steigt zunächst auf den Berg Rágesvárri und dann auf Gárdevárri hinauf. Der Traktorweg ist als Wanderweg und Scooterweg markiert und lässt sich nicht verlieren. Die Aussicht von hier oben ist atemberaubend!

Nach dem Abstieg von der zweiten Erhebung, Gárdevárri, kommen Sie zur Wegkreuzung mit dem Wander- und Fahrradweg, der zwischen den bewirtschafteten Hütten Mollisjok und Jotkajávri verläuft. Auch dieser ist breit, deutlich sichtbar und mit einem roten T markiert.

Falls Sie nicht zur Mollisjok Fjellstue wollen, haben Sie an dieser Kreuzung die Möglichkeit, den Weg nach Westen fortzusetzen und somit auf die Etappe 6A überzugehen. Von Ihrer jetzigen Position sind es 23 km bis zur Jotka Fjellstue. Auf dem Weg dorthin gibt es zahlreiche wunderschöne Plätze zum Wildcampen mit Zugang zu Wasser und Angelmöglichkeiten.

Nun folgen Sie diesem Weg nach Osten, an den Seen 435 und 424 vorbei. Hier können Sie Ihren Wasservorrat auffüllen und auch für eine windgeschützte Pause finden Sie nahe dem See 424 mehrere geeignete Plätze. Nach einem feuchteren Abschnitt überqueren Sie die Erhebung Rátkkačopma und kommen in den Birkenwald hinunter. Der Weg schlängelt sich zwischen den Seen Ánddašluoppal und Jeagilčorrojávrrit hindurch. In dieser Umgebung aus kleinen Hügeln ist die Landschaft das erste Mal seit vielen Kilometern lieblich und, wie an der Vegetation zu sehen ist, vom Wind geschützt. Sobald Sie sich südlich des Sees Stohpoluoppal befinden, können Sie die Mollisjok Fjellstue schon an der anderen Seite des Gewässers sehen. Die roten Gebäude stechen deutlich aus dem Grün, Blau und Grau der Landschaft heraus. Hier fühlt es sich wirklich wie ein Wunder an, dass diese so einladenden, weinroten Holzhäuser plötzlich aus dem Nichts vor Ihnen auftauchen und die Hüttenwirtin auf Sie wartet.

📱 Während der gesamten Etappe gibt es guten Handyempfang.

⌂ **Mollisjok Fjellstue** – ☞ siehe Etappe 5.

# Etappe 6: Mollisjok – Bojobæskihytta

*➲ 34,8 km, ⌛ 9 Std., ↑ 229 m, ↓ 227 m, ⇧ 375 – 495 m*

*🕮 Kartenblätter: 10170 Máze und 10175 Øvre Stabbursdalen*

| | | |
|---|---|---|
| 0,0 km | ⇧ 384 m | Mollisjok Fjellstue ⌂ ✕ |
| 1,1 km | ⇧ 376 m | Furt Mollešjohka |
| 2,8 km | ⇧ 380 m | Weggabelung |
| 5,1 km | ⇧ 382 m | Zweite Überquerung Mollešjohka |
| 9,5 km | ⇧ 402 m | Furt Buolžajohka |
| 17,5 km | ⇧ 424 m | Furt Likčajohka ⛺ |
| 25,4 km | ⇧ 411 m | Furt Giellanjohka |
| 34,5 km | ⇧ 382 m | Weggabelung |
| 34,8 km | ⇧ 382 m | Bojobæskihytta ⌂ ⛺ 🎣 |

*Die sechste Etappe auf Ihrem Weg zum Nordkap, das sich zu diesem Zeitpunkt vielleicht noch sehr weit entfernt anfühlt, führt Sie zu der Hütte Bojobæski des Norwegischen Tourismusverbundes DNT. Diese Hütte ist nicht bewirtschaftet, sondern mit einem Generalschlüssel verschlossen, der zu mehreren hundert der Hütten dieser Vereinigung passt,* *☞ Hütten.*

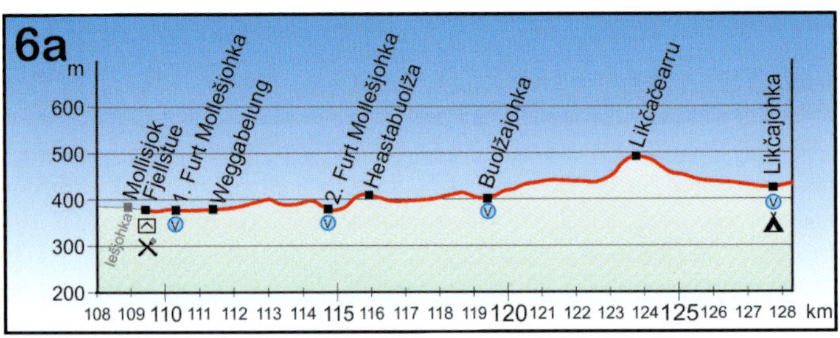

*Da diese Etappe mit über 30 km recht lang ist, kann sie gut in zwei kürzere Etappen aufgeteilt werden. Schöne Zeltplätze finden sich, unter anderem, auf halber Strecke beim Fluss Likčajohka.*

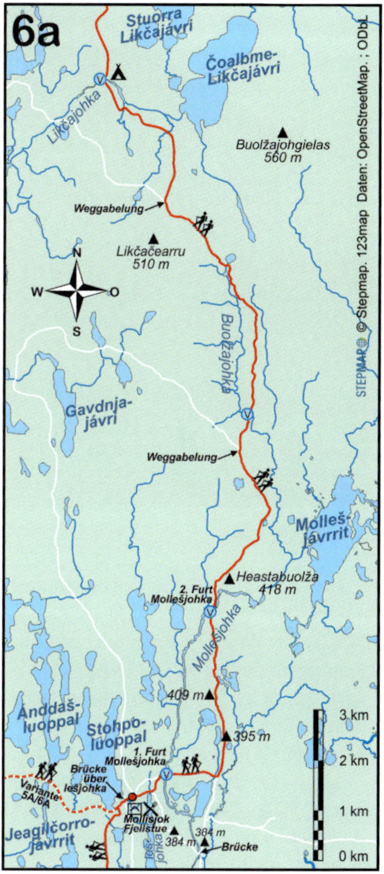


☺ *Gleich zu Beginn dieser Etappe müssen Sie zwei Mal den Fluss Mollešjohka überqueren. Dieser führt häufig viel Wasser. Fragen Sie die Hüttenwirtin nach dem Wasserstand und ihrer Empfehlung bezüglich der Wegwahl!*

*Hat es in den letzten Wochen sehr viel Niederschlag gegeben, so könnten auf dieser Etappe mehrere Flüsse unangenehm zu überqueren sein. Diese sind, neben Mollešjohka und Likčajohka, Buolžajohka und Giellanjohka. Das Wasser in diesen vier Flüssen kann recht viel Strömung haben und teilweise mehr als knietief sein. Dies ist jedoch kein Grund zu verzagen, sondern in diesem Falle ist es zu empfehlen, die Etappen 6A und 6B zur Bojobæskihytta zu nehmen. Auf diese Art und Weise kommen Sie an noch einer herrlichen bewirtschafteten Hütte vorbei und müssen bis zur Bojobæskihytta keinen einzigen nennenswerten Fluss überqueren.*

*Unter normalen Bedingungen sind diese Furten jedoch nichts, was Sie beunruhigen oder gar von der Wanderung auf dieser Etappe abhalten sollte! An einem normalen, warmen Sommertag sind die Flüsse eher eine willkommene Gelegenheit, sich zu erfrischen und die Wasserflasche aufzufüllen.*

Die erste Flussüberquerung von Mollešjohka können Sie sich durch einen kleinen Abstecher vom eigentlichen E1 ersparen: Folgen Sie zunächst dem breiten

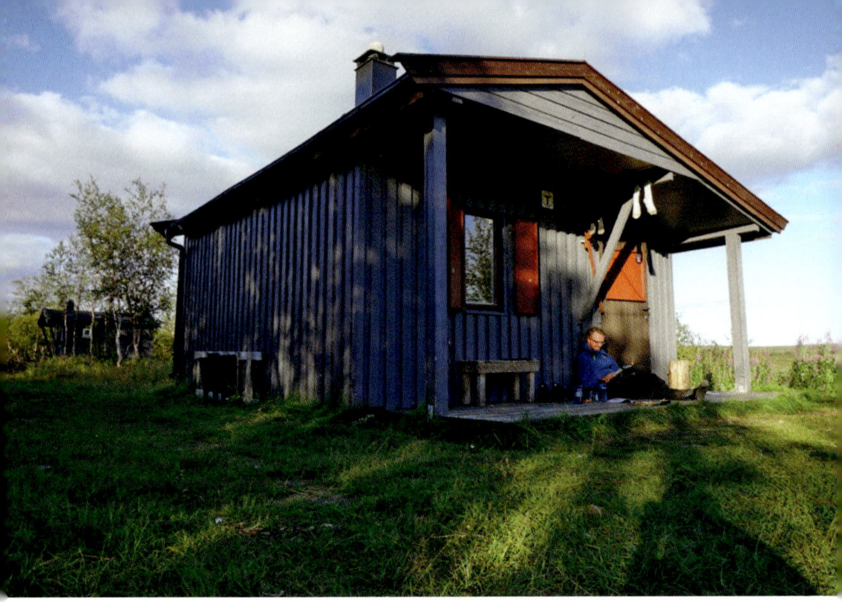

*Bojobæskihytta*

Traktorweg, der von den Gebäuden nach Osten führt. Wandern Sie dann auf dem auf der Karte dünn markierten Weg in südliche Richtung über die Höhe 384 weiter. Dies ist der Weg, der verwendet wird, um Proviant und anderes Material zur Hütte zu bringen, deswegen gibt es hier eine Brücke über den Fluss Mollešjohka. Dies ist einer der vielen praktischen Ratschläge, den Sie von der Hüttenwirtin bekommen können. Es lohnt sich in der Finnmark wirklich immer, die Lokalbevölkerung um Rat zu fragen.

Nach der Brücke treffen Sie auf den markierten Weg, dem Sie nach Norden folgen. Sie passieren die Punkte 384, 395 und 409 im Birkenwald, bevor Sie Mollešjohka nun furten müssen. Es ist die Stelle im Fluss zu empfehlen, die eine kleine Sandbank in der Mitte hat.

Nördlich des Flusses geht es bergauf über die Anhöhe Heastabuolža. Nach 3 km biegt ein Weg nach links ab, halten Sie sich rechts. Sie überqueren schließlich den Bach Buolžajohka. Nun beginnt der Anstieg über die Hochebene Likčačearru, die Sie auf nahezu 500 m Höhe führt. Auf dem Weg hinunter kommen Sie an eine Weggabelung, halten Sie sich rechts. Nach 3 km treffen Sie auf den Fluss Likčajohka (▲), der gefurtet werden muss und knietief sein kann.

Nach der Überquerung verläuft der Weg in nördlicher Richtung über die Erhebung Giellanoaivi bis Sie schließlich den Bach Davitluoppal überqueren. Nach weiteren 3 km treffen Sie auf einen von Ost nach West verlaufenden Weg. Folgen Sie diesem in westliche Richtung. Sie sind nun auf der alten Postroute von Alta nach Karasjok. Schon nach wenigen Metern kommen Sie zum knietiefen Fluss Giellanjohka, den Sie an der Flussbiegung furten. Nun überqueren Sie die Hochebene Vuomegielas und kommen schließlich in den Birkenwald hinunter. Noch einmal geht es ein wenig bergauf, bevor Sie den Bach passieren, der auch an der Bojobæski Hütte vorbeifließt. Nun gelangen Sie an eine Kreuzung mit einem breiten Weg, der nach Norden führt. Folgen Sie diesem einige Hundert Meter, bis Sie an der DNT Hütte ankommen.

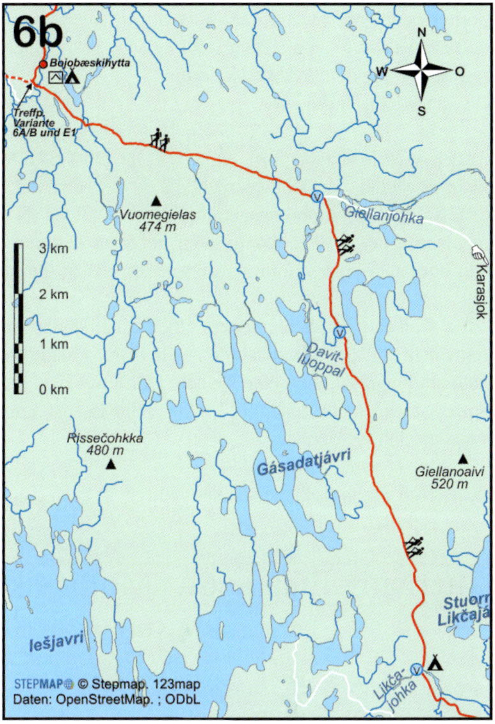


Während der Etappe gibt es an höher gelegenen Plätzen Handyempfang, jedoch nicht an der Bojobæski Hütte.

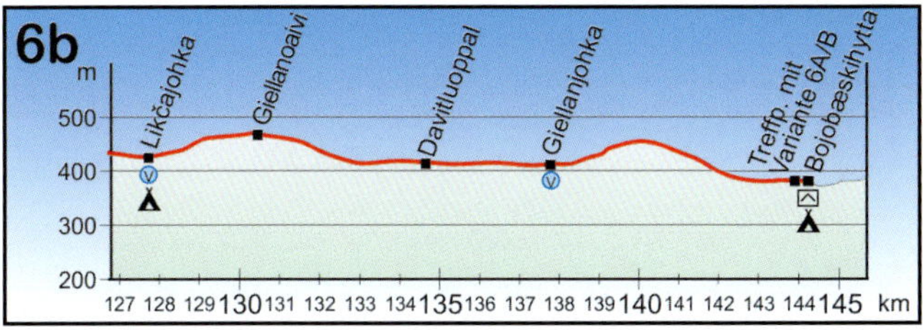

⌂ **Bojobæskihytta** – Mit DNT Schlüssel verschlossene Hütte. In der Hütte finden sich ein Kamin, Gasherd und fünf Betten. Die Fenster sind mit Metallbeschlägen verschlossen, die von innen abgeschraubt werden können. Neben der Trockentoilette befindet sich der Holzschuppen. Verwenden Sie das Holz, das mühsam hierhertransportiert werden muss, sparsam. Wenn Sie an dem Grillplatz neben der Hütte ein Lagerfeuer machen oder grillen, so nehmen Sie eher trockene Zweige und Reisig aus dem Wald rundherum.

💻 www.alta.dnt.no

**Preise:** NOK 50 Tagesgäste, NOK 100 für DNT/STF Mitglieder und NOK 200 für Nichtmitglieder. Sie können nicht direkt vor Ort mit Bargeld bezahlen, sondern sollten die Übernachtungsgebühr dem DNT im Nachhinein per Überweisung zukommen lassen. Die Kontodaten befinden sich auf der Internetseite des DNT Alta und auch in dem Informationsordner, der in der Hütte auf dem Tisch liegt.

⌂ Falls Sie den Schlüssel zur eigentlichen Hütte nicht haben, müssen Sie trotzdem nicht im Zelt übernachten. Neben der Gasthütte bietet die Bojobæskihytta auch ein Plumpsklo und eine kleinere Hütte mit zwei Betten und einem Ofen. Diese Hütte ist allgemein zugänglich, kein Schlüssel ist erforderlich und keine Gebühr muss bezahlt werden.

⛺ Auf der Grasfläche vor den Hütten ist auch das Wildcampen angenehm und windgeschützt.

# Alternativ Etappe 6A: Mollisjok – Jotkajavri

*32,6 km, 8 Std., ↑ 241 m, ↓ 233 m, ⇧ 378 – 500 m*
*Kartenblätter: 10170 Máze und 10175 Øvre Stabbursdalen*

| | | |
|---|---|---|
| 0,0 km | ⇧ 384 m | Mollisjok Fjellstue ⌂ ✕ |
| 6,7 km | ⇧ 437 m | Weggabelung |
| 12,8 km | ⇧ 397 m | Ehemalige Hütte Iešjávri ⛺ 🎣 |
| 23,1 km | ⇧ 500 m | Höchster Punkt der Etappe |
| 23,8 km | ⇧ 451 m | Gabelung nach Iešjávri |
| 24,6 km | ⇧ 443 m | Gabelung zum Alta Staudamm |
| 32,6 km | ⇧ 390 m | Jotkajavri Fjellstue ⌂ ⛺ ✕ |

*Ein alternativer Weg zur Bojobæskihytta, der sich vor allem bei sehr hohem Wasserstand in den Flüssen empfiehlt, ist die Wanderung über die **Jotkajavri Berghütte.** Auf diese Weise vermeiden Sie sämtliche Flussüberquerungen entlang der*

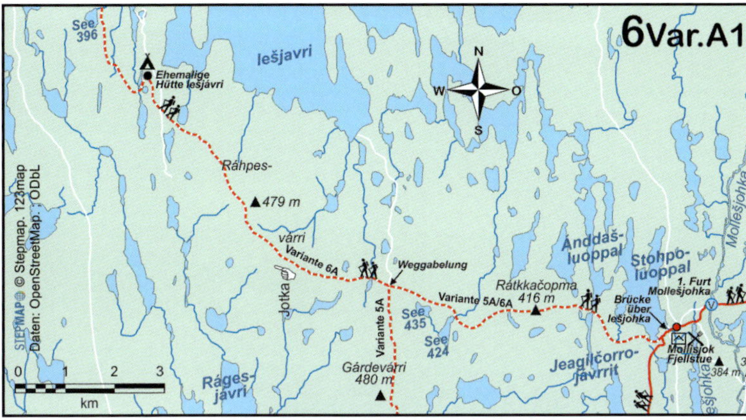


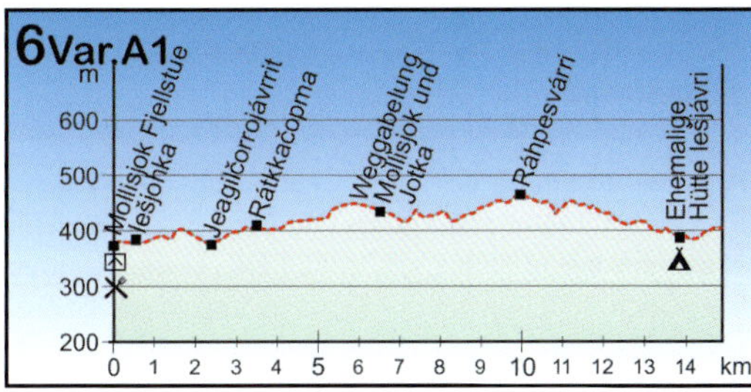


*Strecke zwischen Mollisjok und Bojobæskihytta und bekommen die Möglichkeit, eine zusätzliche, gemütliche Berghütte zu besuchen. Der einfach zu gehende und trockene Weg führt entlang des südlichen und westlichen Ufers des Sees Iešjavri, des größten Sees in der Finnmark. Aufgrund der Länge der Etappe empfiehlt sich eine Zeltnacht entlang der Strecke.*

Sie beginnen die Etappe mit der Überquerung der Brücke südlich der Hütte und folgen der Beschilderung nach Westen in Richtung Jotka. Wenn Sie die Alternative 5A gegangen sind, wandern Sie die ersten Kilometer auf dem gleichen Weg, auf dem Sie gekommen sind. Sie passieren die Anhöhe Ratkkačopma und gehen nördlich der Seen 424 und 435 entlang, bis Sie zur Kreuzung mit dem Traktorweg kommen. Sie wandern weiter geradeaus und kommen auf das Hochplateau Ráhpesvárri.

Nun befinden Sie sich bereits nahe dem Ufer des Iešjavri, wo es einige kleine Sommersiedlungen gibt. Hier, circa 13 km nach dem Beginn der Etappe, gibt es zahlreiche fantastische Möglichkeiten zum Zelten. Die Dünen und bewaldeten

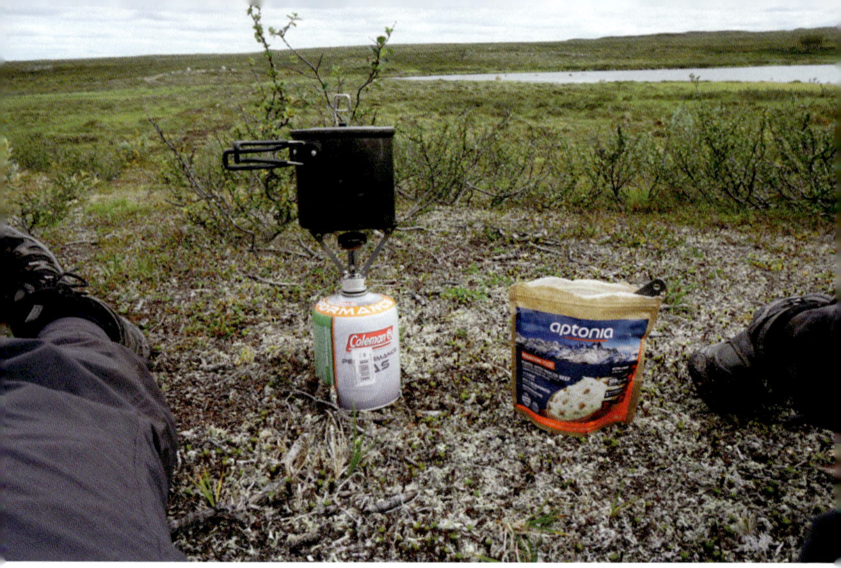


*Mittagspause*

Abschnitte entlang des Ufers laden zum Entspannen ein und bieten auch bei schlechtem Wetter einen guten Windschutz. Zudem ist Iešjavri ein ausgezeichneter See zum Angeln. Früher gab es hier eine kleine Schutzhütte, die leider abgebrannt ist, jedoch weiterhin auf der Karte als Iešjavri mit einem kleinen Kreuz eingezeichnet ist.

Sie folgen dem gut markierten, breiten Weg weiter in Richtung Nordwesten und passieren einige feuchtere Passagen. Direkt nach dem See 396 geht es kurz richtig

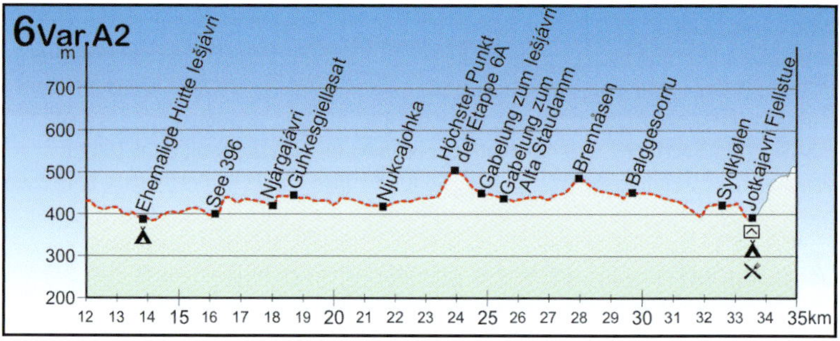

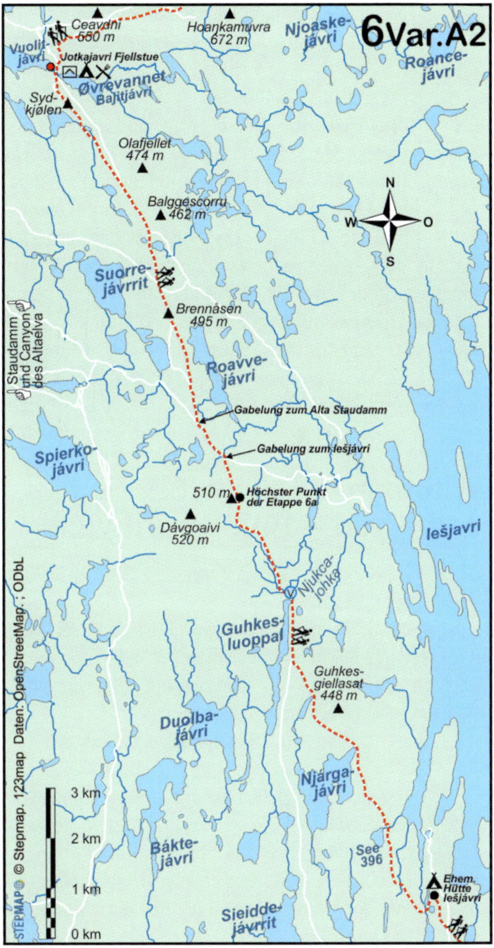


steil bergauf und dann am östlichen Ufer des Sees Njárgajávri entlang. Sie überqueren die Hochebene Guhkesgiellasat und treffen am östlichen Ufer des lang gestreckten Sees Guhkesluoppal auf einen Weg, der vom Süden her kommt. Sie setzen Ihre Wanderung in Richtung Norden fort und furten den Fluss Njukcajohka, der aber kein Problem darstellt und oft sogar trockenen Fußes überquert werden kann. Nach einigen Kilometern geht es recht steil bergauf, über die Erhebung 510, bis Sie schließlich auf einen Traktorweg treffen, dem Sie in nordwestliche Richtung folgen. Nach nur 1 km gabelt sich der Weg bereits wieder und Sie halten sich rechts. Nach links geht es unter anderem zum Staudamm und Canyon des Altaelva. Sie folgen dem Weg über den Hügel Brennåsen und das Hochplateau Balggescorru. An dieser Stelle trennt sich der Wanderweg vom Traktorweg, beide verlaufen jedoch nahe beieinander bis zur Hütte. Unabhängig davon, für welchen Weg Sie sich entschieden haben, geht es jetzt hinunter in den Birkenwald und über den Hügel Sydkjølen, von dem Sie bald auf die Gebäude der Jotka Fjellstue hinterschauen können.

Der Handyempfang ist nahezu während der gesamten Etappe gut, außer an den am niedrigsten gelegenen Stellen. Auch an der Jotka Fjellstue haben Sie guten Empfang.

**Jotka Fjellstue** – Diese große und gemütliche Hütte liegt zwar nicht an der Straße, bietet jedoch allen erdenklichen Komfort. Hier gibt es warme Mahlzeiten, Strom und Wi-Fi, zudem wird, unter anderem, der Transport von und nach Alta angeboten. Die Benutzung eines Ruderbootes zum Angeln auf dem See Øvrevannet ist für Gäste kostenlos. Die Hütte ist das ganze Jahr über offen und bewirtschaftet, Hauptsaison ist jedoch im Winter, wenn das Hundeschlittenrennen Finnmarksløpet stattfindet und die Norweger über Ostern auf Skitour gehen.

Eine Übernachtung im eigenen Schlafsack kostet NOK 280, im gemachten Bett NOK 400. Abendessen kostet NOK 400, Mittagessen NOK 220 und Frühstück NOK 120. Es ist möglich, einige Lebensmittel und Getränke zu kaufen. ☏ 47/78 43 45 54 mobil: 47/41 64 41 21, post@jotka.no, www.jotka.no

# Alternative Etappe 6B: Jotkajavri – Bojobæskihytta

*12,3 km, 3 Std., ↑ 298 m, ↓ 306 m, ⇧ 382 – 607 m*

*Kartenblatt: 10175 Øvre Stabbursdalen*

| | | |
|---|---|---|
| 0,0 km | ⇧ 395 m | Jotkajavri Fjellstue |
| 3,3 km | ⇧ 607 m | Höchster Punkt der Etappe |
| 9,8 km | ⇧ 540 m | Weggabelung, Piste nach Alta |
| 12,0 km | ⇧ 388 m | Zusammentreffen mit E1 |
| 12,3 km | ⇧ 382 m | Bojobæskihytta |

*Dies ist eine kurze Etappe mit einem wundervollen Panorama über die Landschaft der Finnmark, die in dieser Gegend recht gebirgig ist. Sie haben einen fantastischen Blick über den Birkenwald nahe der Jotka Fjellstue, später über die Gletscher nördlich und westlich von Alta (Øksfjordjøkelen und Seilandjøkelen) und in östlicher Richtung schließlich über den Stabbursdalen Nationalpark und seine über 1.000 m hohen Gipfel.*

*Die heutige Etappe führt Sie bis auf 600 m Höhe, was in der Finnmark schon beträchtlich ist, und die Natur zeigt sich dementsprechend karg. Während die Moltebeeren weiter unten im Wald schon im Juli überreif sind, kann es hier oben bis Mitte August dauern, bis man sie essen kann. Hier wächst kein Baum und kein Strauch und die Temperatur ist oft um einige Grad kälter als im Tal bei der Jotka*

*Berghütte. Da ist es nicht verwunderlich, dass der Gletscher Seilandjøkelen, den Sie bei guter Sicht in nordwestlicher Richtung erspähen können, der am tiefsten gelegene Gletscher Norwegens ist. Seine Basis liegt bei 450 m über dem Meeresspiegel und der höchste Punkt ist lediglich auf ungefähr 950 m. Seilandjøkelen, im Seiland Nationalpark gelegen, ist der nördlichste Gletscher des Landes, doch ebenso wie die meisten anderen Gletscher schmilzt er stetig und könnte schon in weniger als 20 Jahren komplett verschwunden sein.*

Von den Gebäuden der Jotka Fjellstue aus verläuft der Weg nach Norden und trennt sich nach wenigen Metern bereits von dem Traktorweg. Während die Schotterpiste nahezu geradeaus die Bergseite hochsteigt, folgen Sie einem kleinen, hölzernen Schild mit dem Wort Bojobæski. Auf einem gut markierten Wanderweg geht es bergauf, bald schon aus dem Birkenwald heraus und an der Bergseite entlang. Von hier haben Sie einen herrlichen Ausblick auf die Seen und Hügel unter Ihnen. Die Landschaft hier scheint grüner und fruchtbarer als auf den vorherigen Etappen auf der Vidda. Sobald Sie auf dem Hochplateau Ceavdni angelangt

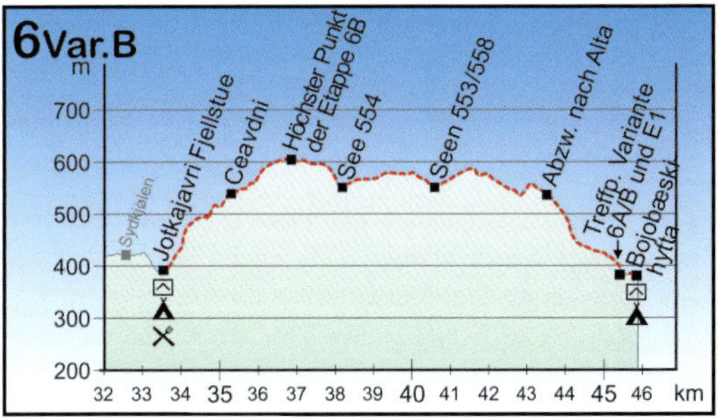


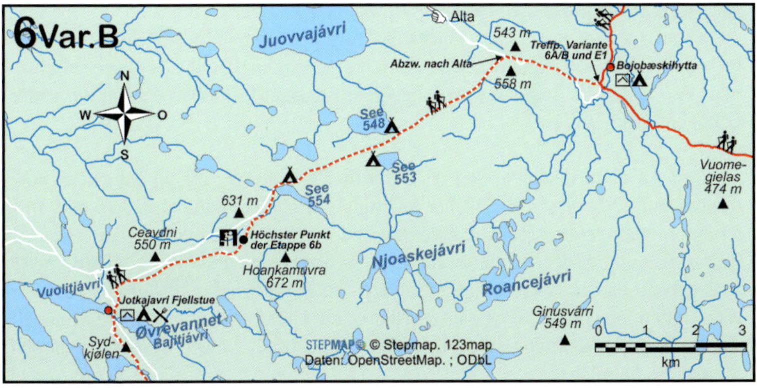

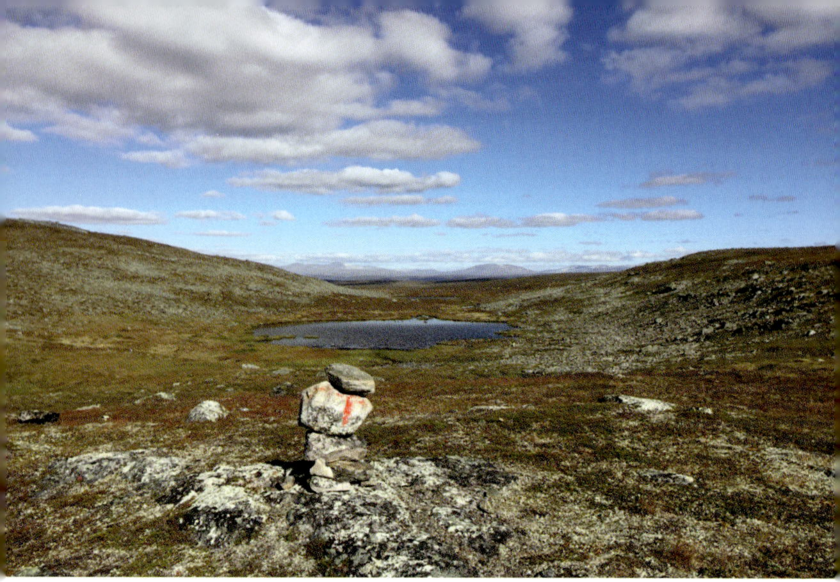

*Kleiner See auf dem Hochplateau von Ceavdni*

sind, folgt der Weg einige Zeit einer breiteren Schotterpiste, verlässt diese jedoch bald wieder. Sie durchqueren ein enges Tal nahe der Höhe 631 und steigen zum See 554 herab. Sie wandern in nordöstlicher Richtung, zwischen den Seen 548 und 553 hindurch und weiter über das flache und dem Wetter sehr ausgesetzte Plateau.

Es ist bei jedem See möglich wild zu campen. Der Untergrund ist flach und eignet sich gut zum Zelten. Eine tolle Aussicht und gute Angelmöglichkeiten locken. Schauen Sie jedoch auf den Wetterbericht, bevor Sie Ihr Zelt hier aufschlagen. Was unten im Tal eine schwache Brise ist, kann hier oben schnell zu einem kräftigen Wind werden.

Kurz vor dem Abstieg in den Wald trifft der Wanderweg erneut auf eine Schotterpiste und folgt dieser in östlicher Richtung zwischen den Punkten 558 und 543 hindurch. Nun geht es recht steil bergab und nach der Überquerung eines kleinen Baches trennt sich der Wanderweg von der Schotterpiste und führt zur linken Seite in den Wald hinein. Nach wenigen Hundert Metern durch den malerischen Birkenwald treffen Sie erneut auf eine Piste. Hier ist ein Holzschild an eine Birke genagelt, das in nördliche Richtung zeigt, dem Sie folgen. Nach einigen Minuten gelangen Sie zur Bojobæskihytta.

Die Hütte ist sowohl auf Google Maps als auch auf einigen anderen Karten falsch eingezeichnet. Sogar die GPS-Koordinaten, die sich in der Hütte an der Wand befinden, sind falsch und wurden schließlich nachträglich korrigiert. Die breite Schotterpiste führt jedoch direkt an der Hütte vorbei. Es ist also unmöglich, sie zu verpassen.

**Bojobæskihytta** – siehe Etappe 6

Der Handyempfang ist nahezu während der gesamten Etappe gut, außer an den am niedrigsten gelegenen Stellen. An der Hütte gibt es keinen Empfang.

# Etappe 7: Bojobæskihytta – Ruhkkojávri

*18,7 km, 5 Std., ↑ 119 m, ↓ 143 m, ⇧ 351 – 412 m*

*Kartenblatt: 10175 Øvre Stabbursdalen*

| | | |
|---|---|---|
| 0,0 km | ⇧ 376 m | Bojobæskihytta |
| 5,9 km | ⇧ 392 m | Kreuzung mit Piste von Alta nach Skoganvarre |
| 11,2 km | ⇧ 374 m | Flussüberquerung |
| 14,6 km | ⇧ 374 m | Furt Bohkošjohka |
| 18,7 km | ⇧ 351 m | Ruhkkojávri |

*Nun beginnt ein Teil Ihrer Wanderung über die Finnmarksvidda, auf dem Sie wirklich unberührte Natur erleben können – von der Bojobæskihytta nach Norden, bis Sie am Ende der Etappe 10 auf die E6 treffen, werden Sie an keiner Hütte mehr vorbeikommen.*

*Auf diesen 95 km sind Sie, was Unterkunft und Verpflegung betrifft, ganz auf sich allein gestellt – eine spannende Herausforderung, die es nur auf wenigen markierten Wanderwegen in Skandinavien gibt!*

*Falls Sie sich aus meteorologischen, gesundheitlichen oder anderen Gründen dazu entscheiden, Ihre Wanderung abzubrechen, gibt es jedoch an mehreren Punkten die Möglichkeit, den E1 nach Osten oder Westen hin zu verlassen und innerhalb von einem oder zwei Tagesmärschen an eine Straße zu gelangen.*

Sie verlassen die Hütte in nördlicher Richtung und folgen dem breiten Weg durch den Birkenwald. Nach etwas mehr als 1 km teilt sich der Weg: Während der breitere Stieg nach Osten dreht, führt der weniger deutliche E1 nach Norden. Folgen Sie den Markierungen über einen sumpfigen Abschnitt und dann bergauf, bis Sie den Wald verlassen.

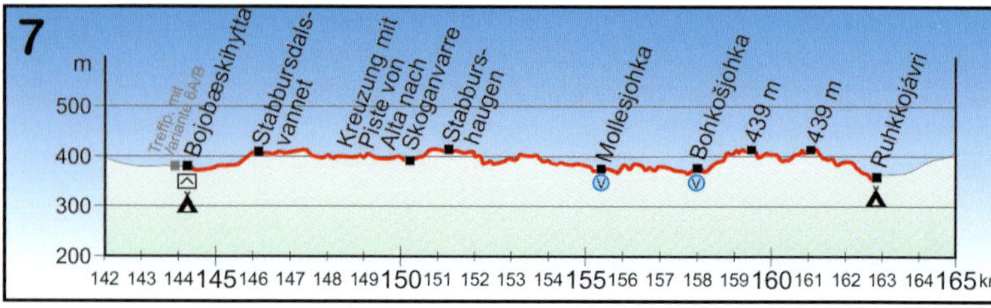


Auf dieser Etappe haben Sie bei guter Sicht eine fantastische Aussicht auf die Berge des Stabbursdalen Nationalparks. Auf den folgenden Kilometern sehen Sie den lang gestreckten See Stabbursdalsvannet zu Ihrer Rechten.

Es sind mehrere kleine Bäche zu überqueren, bevor sich Ihr Weg schließlich mit einer Piste kreuzt. Diese wird meistens von Geländefahrzeugen und Mountainbikern genutzt und führt von Alta nach Skoganvarre. Nun geht es wieder bergauf, über die Erhebung Stabburshaugen mit 444 Metern Höhe. Zu Ihrer Rechten liegt ein weiterer lang gestreckter See, der Nordre Stabbursdalsvannet. Sie passieren einige feuchtere Abschnitte, die Zuläufe zum See, ansonsten ist das Gelände jedoch sehr einfach zu durchwandern.

Die Seen 403 und 397 lassen Sie zu Ihrer Linken liegen und kommen nun zur Grenze des Stabbursdalen Nationalparks, der der E1 nun eine längere Zeit folgen wird. Beim See Holmvannet überqueren Sie zwei kleinere Flüsse, die diesen See mit den Gewässern 397, 392 und weiter nördlich 385 verbindet. Nach der zweiten Flussüberquerung geht es wieder auf einen Bergrücken hinauf und Sie kommen an den Punkten 439, 424 und 439 vorbei.

Der See **Ruhkkojávri**, der sich als Ziel dieser Etappe anbietet, erscheint nun zu Ihrer Rechten. Folgen Sie den Markierungen den Bergrücken wieder hinunter, bis Sie einen kleinen Fluss kreuzen und in eine etwas dichter bewachsene Senke gelangen.

Hier finden sich zahlreiche schöne Zeltplätze mit Zugang zu fließendem Wasser.

Der Handyempfang ist nahezu während der gesamten Etappe gut, außer an den am niedrigsten gelegenen Stellen.

**Stabbursdalen Nationalpark** – Der Stabbursdalen Nationalpark ist der einzige der insgesamt fünf Nationalparks der Finnmark, den Sie auf Ihrer Wanderung auf dem E1 durchqueren. Er wurde 1970 gegründet und umfasste damals nur einen relativ schmalen Streifen um den Fluss Stabburselva herum. Im Jahre 2002 wurde das Areal jedoch dramatisch erweitert und umfasst nun 746,9 km². Die westliche Seite Stabbursdalens, auf der Sie sich befinden, ist durch die pyramidenartigen Berge, die bis hoch über die Baumgrenze aufragen, geprägt. Zu diesen Bergen gehört die Gruppe der Gaissene, die sich aus dem nordsamischen Wort *gáissá* ableitet, was „hoher und spitzer Berg" bedeutet. Čohkarášša ist mit 1.138 m der höchste Berg des Nationalparks und der vierthöchste der Finnmark. Er liegt 15 km östlich des Sees Ruhkkojávri, an dem entlang der E1 verläuft.

Das Gebiet rund um die Gaissene ist karg und trocken, die Erde ist nicht sehr nährstoffreich und auch die Höhe hat ihren Anteil an der mangelnden Vegetation. Ganz anders sieht es an der östlichen Seite des Nationalparks aus, die dem Porsanger

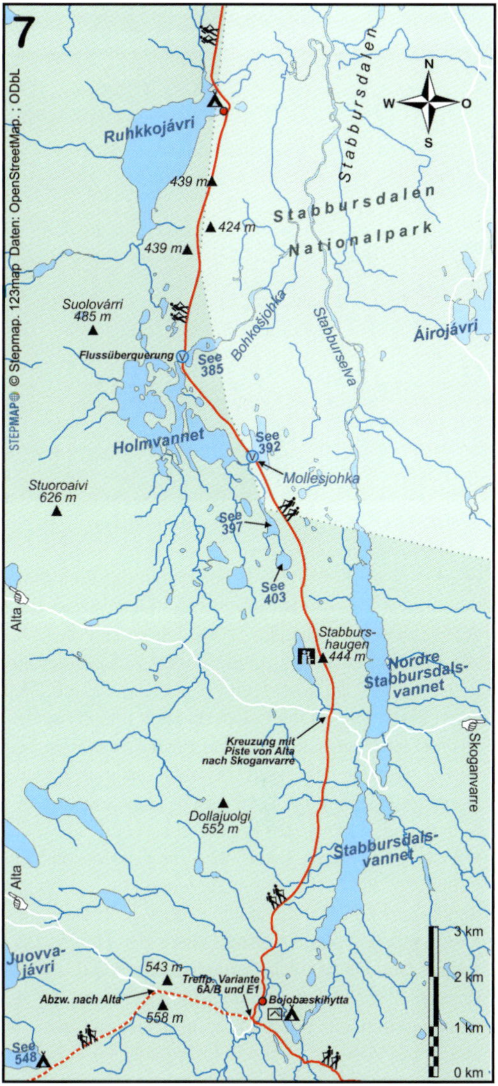

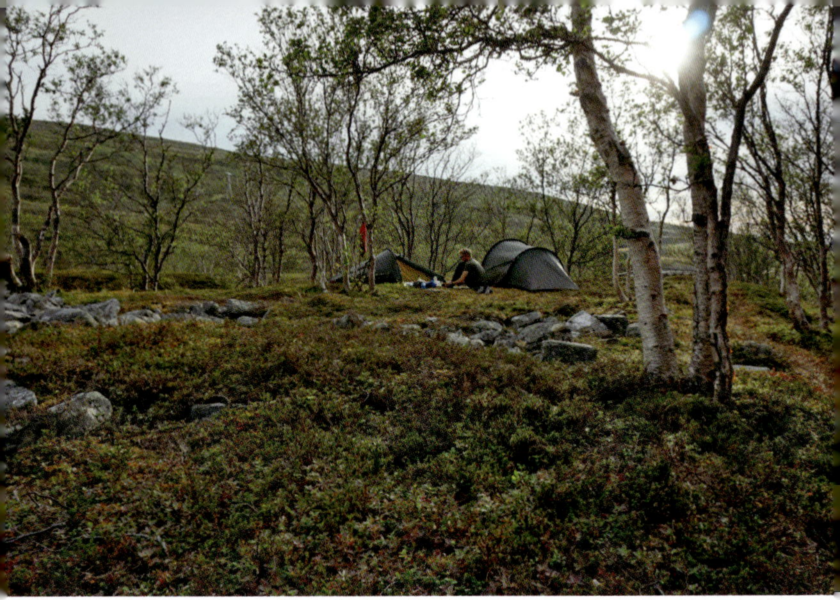

*Zeltplatz im Birkenwald nahe Ruhkkojávri*

Fjord zugewandt ist. Hier befindet sich der Kiefernwald, der für den Stabbursdalen bekannt ist. Er ist der nördlichste Kiefernwald der Welt und entstand in einer Wärmephase vor ungefähr 5.000 Jahren. Zu dieser Zeit war die gesamte Finnmark von Kiefern bewachsen. Diese zogen sich mit der absinkenden Temperatur jedoch weiter in die Täler zurück und blieben so weit nördlich schließlich nur im Stabbursdalen übrig. Die Bäume sehen oft klein und verwachsen aus, sind aber zum Teil bis zu 500 Jahre alt. Die Kälte und der Wind erschweren ihr Wachstum.

Die Gebiete, die heute den Nationalpark bilden, fallen unter die sogenannte Finnmark Verordnung (Norwegisch: Finnmarksloven), die den Bewohnern 95 % des Grund und Bodens der Region zuschreibt. Dieses Gesetz, das im Jahr 2005 in Kraft trat, soll sicherstellen, dass die Lokalbevölkerung, vor allem die Samen, weiterhin von den Naturressourcen leben können. So sind das Jagen, Fischen und die Rentierzucht im Stabbursdalen erlaubt, selbst wenn es sich hier um einen Nationalpark handelt. Vor dem Inkrafttreten der Finnmarksloven hatten die nomadischen Samen laut Gesetz kein formelles Recht auf die Nutzung des Bodens und des Wassers in ihrem Lebensraum. Die Grundlage der neuen Verordnung ist, dass die Samen durch die traditionelle und Generationen überschreitende Nutzung der Land- und Wasserflächen ein individuelles und kollektives Recht am Eigentum dieser Ressourcen in der Finnmark erworben haben. Das neue Gesetz gilt jedoch nicht nur für die Samen, sondern für alle Anwohner. Rechte auf Bergbau, Ölgewinnung oder das kommerzielle Fischen im Meer sind jedoch nicht vergeben worden.

Mehr Information über den Stabbursdalen Nationalpark finden Sie auf www.nasjonalparkstyre.no/Stabbursdalen und www.stabbursnes.no/tysk.htm.

# Etappe 8: Ruhkkojávri – Bastingammen

*22,9 km, 6 Std., ↑ 154 m, ↓ 257 m, ⇧ 261 – 446 m*

*Kartenblätter: 10181 Repparfjorddalen und 10175 Øvre Stabbursdalen*

| | | |
|---|---|---|
| 0,0 km | ⇧ 364 m | Ruhkkojávri |
| 3,1 km | ⇧ 446 m | Höchster Punkt der Etappe |
| 4,6 km | ⇧ 383 m | Furt Bohkošjohka |
| 15,0 km | ⇧ 305 m | Furt Návggastatjohka |
| 22,9 km | ⇧ 261 m | Bastingammen |

*Die heutige Etappe führt Sie weiter nach Norden, zunächst entlang der Nationalparkgrenze und später zwischen dieser und dem Fluss Stabburselva. Das Ziel der Etappe ist hauptsächlich symbolisch – hier stand bis zum Sommer 2013 eine Torfkote, die jedoch abgebrannt ist, lediglich das Toilettenhäuschen steht noch.*

*Im Juni 2016 besichtigte die Nationalparkverwaltung zusammen mit Vertretern des samischen Parlaments und der staatlichen Naturaufsicht das Gelände mithilfe eines Helikopters, um einen geeigneten Platz für eine neue Torfkote zu finden. Sie sehen, dass man diese Entscheidungen in der Finnmark nicht leichtfertig trifft. Wann es eine neue Schutzhütte für Wandernde geben wird, steht aber noch nicht fest.*

Die Etappe beginnt entlang des Ufers von Ruhkkojávri, wo Sie auch einen kleineren Fluss, der aus dem See entspringt, überqueren. Nun führt der Weg Sie durch einen moorigen Abschnitt, der feucht und matschig ist. Direkt danach geht

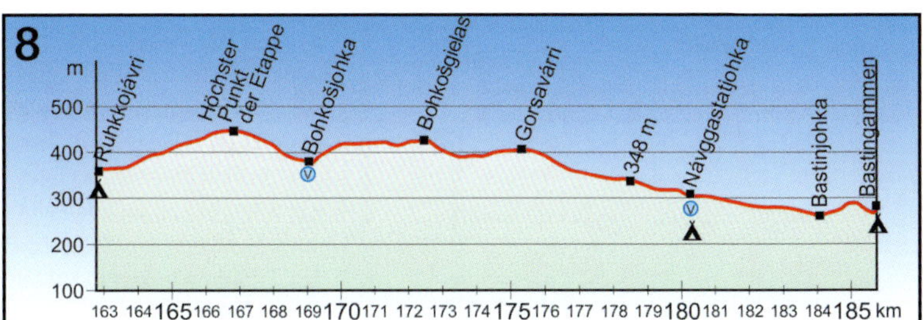

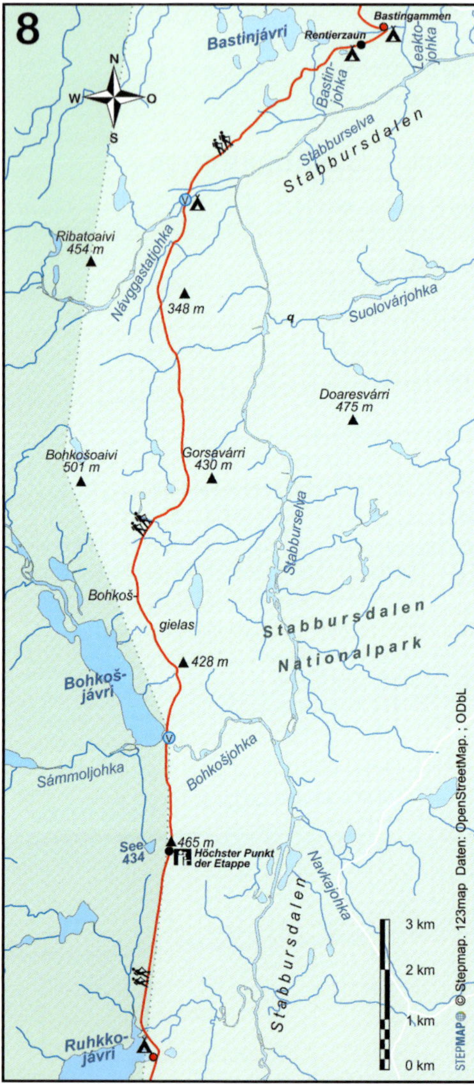


es aber schon bergauf, der Untergrund ist trocken und leicht zu durchwandern. Sie folgen der Grenze des Nationalparks bis zur Erhebung 465, der See 434 liegt nun zu Ihrer Linken. Von hier aus haben Sie eine fantastische Aussicht auf den Stabbursdalen Nationalpark mit seinen, für die Finnmark, sehr hohen Bergen.

Nach dem Abstieg hinunter zum See Bohkošjávri kreuzen Sie den breiten, aber flachen Fluss Bohkošjohka direkt am Auslauf des Sees. Weiter nach Norden geht es über die trockene Hochebene Bohkogielas und zwischen den Erhebungen Bohkošjávri mit 501 m und Gorsavárri mit 430 m hindurch. Hier durchwandern Sie einige lehmige Abschnitte, bevor der Boden nördlich von Gorsavárri wieder trocken wird. Es geht gemächlich bergab, vorbei am Punkt 348, bis Sie schließlich in den Wald hinunterkommen und nun den Fluss Návggastatjohka vor sich liegen sehen. Dieser kann bis zu knietief sein und lässt sich am einfachsten unterhalb der kleinen Insel durchqueren.

Rundherum gibt es einige reizvolle und windgeschützte Zeltplätze, die sich anbieten, wenn Sie die heutige Etappe hier beenden wollen.

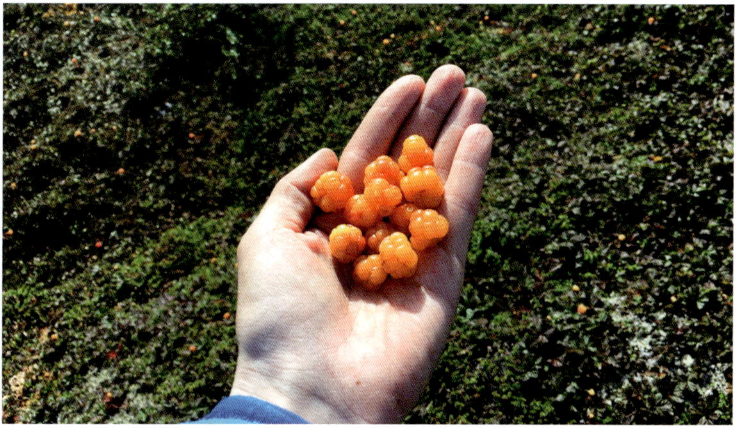

*Moltebeeren*

Der Weg verläuft nun wieder auf einer ausgefahrenen Spur für Geländefahrzeuge und setzt sich in nordöstlicher Richtung durch den Wald fort. Der Weg führt zum Teil durch Sumpfland, bis hin zum Fluss Bastinjohka, den Sie über Steine trockenen Fußes überqueren können. Ab dem Fluss wird der Untergrund trockener und führt Sie zu einem Rentierzaun mit einer Pforte. Nachdem Sie einen kleinen Bach überquert haben, teilt der Pfad sich und Sie folgen dem Weg nach links. Nach wenigen Minuten kommen Sie zu den Überresten der Kote **Bastingammen**. An diesem Platz sind die Zeltmöglichkeiten aufgrund der dichten Vegetation nicht optimal.

Einen Zeltplatz mit Zugang zu Wasser gibt es entweder circa 1 km vor Bastingammen an dem kleinen, namenlosen Teich südlich des Weges oder einige Kilometer weiter nördlich, bei dem Fluss Leaktojohka. Eine andere Alternative ist ein Lagerplatz entlang des Flusses Návggaststjohka, der weiter oben im Text genannt wurde.

Der Handyempfang ist im Wald und an den niedriger gelegenen Stellen nicht gut. Auch auf dieser Etappe sollte es aber möglich sein, einen Blick auf den Wetterbericht zu werfen oder eine SMS zu senden.

# Etappe 9: Bastingammen – Duolbajarčopma

*21,5 km, 5 Std., ↑ 271 m, ↓ 226 m, ⇧ 283 – 445 m*
*Kartenblatt: 10181 Repparfjorddalen*

| | | |
|---|---|---|
| 0,0 km | ⇧ 261 m | Bastingammen |
| 1,0 km | ⇧ 332 m | Weggabelung |
| 2,3 km | ⇧ 349 m | Nördliches Ende des Nationalparks |
| 4,6 km | ⇧ 328 m | Furt Leaktojohka |
| 5,9 km | ⇧ 361 m | Zusammentreffen mit Rentierzaun |
| 14,8 km | ⇧ 445 m | Höchster Punkt der Etappe |
| 21,5 km | ⇧ 328 m | Duolbajarčopma |

*Die heutige Etappe ist nicht allzu lang, der Untergrund ist zumeist trocken und die Streckenführung ist sehr einfach. Sie werden den Stabbursdalen Nationalpark hinter sich lassen und weiter nach Norden, in Richtung Meer, wandern. Die E6 befindet sich, wie Sie auf der Wanderkarte sehen können, sowohl westlich, östlich als auch nördlich von Ihnen. Davon ist hier, in der scheinbar endlosen Weite der Finnmarksvidda, jedoch nichts zu spüren. Abgesehen von einigen Rentierzäunen und Reifenspuren der Geländefahrzeuge der Samen, wirkt die Umgebung zeitlos und abgeschieden. Das Ziel der heutigen Wanderung ist die Anhöhe Duolbajarčopma, in deren Umgebung es eine Vielzahl von schönen Plätzen zum Wildcampen und auch zum Angeln gibt.*

Von der abgebrannten Torfkote wandern Sie in westlicher Richtung und kommen nach einigen Hundert Metern zu einem Rentiergatter. Dieses passieren Sie und nun geht es langsam bergauf, bis Sie den Wald schließlich verlassen. Bevor Sie gänzlich auf das Hochplateau Geinodatgielas hinaufgestiegen sind, kreuzen Sie die

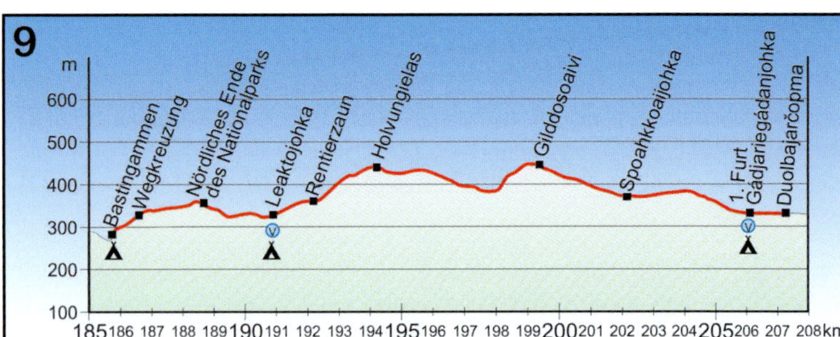

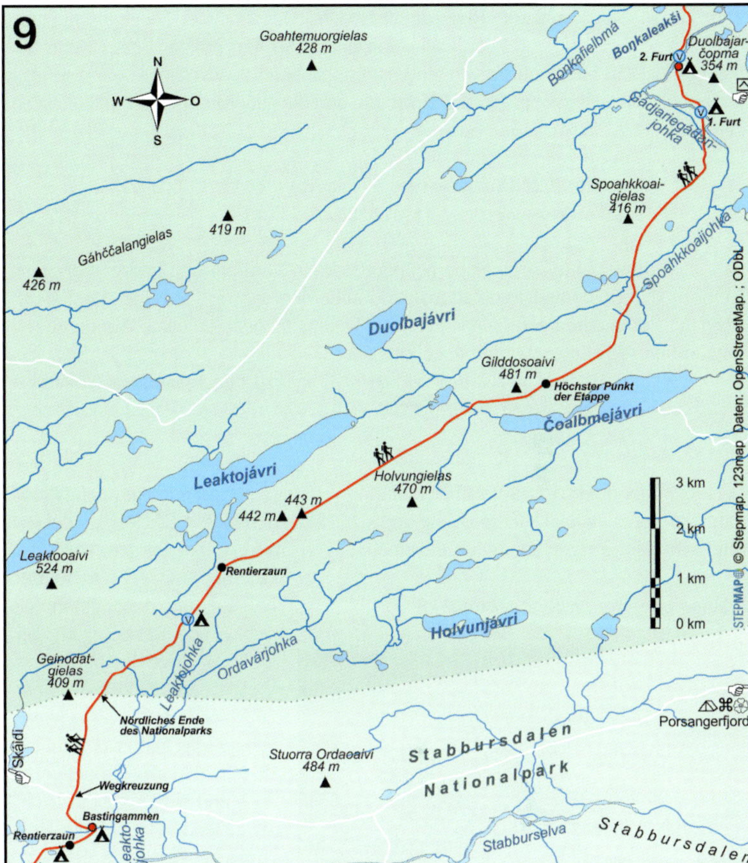


Schotterpiste, die nach Osten hin zur E6 am Porsangerfjord und nach Westen zur E6 südlich von Skáidi führt.

↬ Besonders die Wanderung zum **Porsangerfjord** ist ein attraktiver Abstecher, der Sie durch den **Stabbursdalen Nationalpark** bis zur Mündung des Flusses Stabburselva führt. Diese Strecke ist ungefähr 25 km lang und gut markiert. Nahe dem Fjord findet sich der Campingplatz Stabbursdalen Resort, der verschiedene Hütten zum Übernachten anbietet. Hier sammeln sich jeden Sommer Fliegenfischer aus der ganzen Welt, die auf einen Lachs von bis zu 30 Kilo hoffen. Selbst wenn Sie nicht an diesem Sport interessiert sind, ist es spannend zuzuschauen, wie die Angler im hüfttiefen Wasser gegen die Strömung und die außerordentlich starken Fische kämpfen.

⛺ Stabbursdalen Resort – Stabbursnes, 9700 Lakselv, ☏ 47/78 46 47 60, ✉ post@stabbursdalen.no, 💻 www.stabbursdalen.no

⌘ In der unmittelbaren Nähe befindet sich ein Museum und Informationszentrum für den Stabbursdalen Nationalpark, außerdem gibt es hier eine Ausstellung über die vier anderen Nationalparks in der Finnmark. Auch geführte Wanderungen und andere Aktivitäten werden angeboten.

♦ 🚪 Vom 1. Juni - 31. August täglich 11:00-18:00 und in der Hochsaison vom 20. Juni bis zum 19. August täglich von 9:00-20:00, ☏ 47/78 46 47 65, ✉ stabburs@online.no, 💻 www.stabbursnes.no

Weiter auf dem E1 in nördlicher Richtung verlässt der Pfad nun bald den Nationalpark, kreuzt einige kleinere Bäche und schließlich den Fluss Leaktojohka, dessen Ufer schon im vorigen Kapitel als geeignete Lagerplätze erwähnt wurden. Nach der Überquerung geht es wieder bergauf und nun nähern Sie sich einem Rentierzaun, der sich zu Ihrer Rechten dem Weg nähert. Südlich des Sees Leaktojávri treffen Sie schließlich auf das Gatter und folgen diesem nun über die Punkte 442 und 443 und die leicht zu gehende Hochebene Holvungielas hinweg.

*Kleines Lagerfeuer bei Leaktojohka*

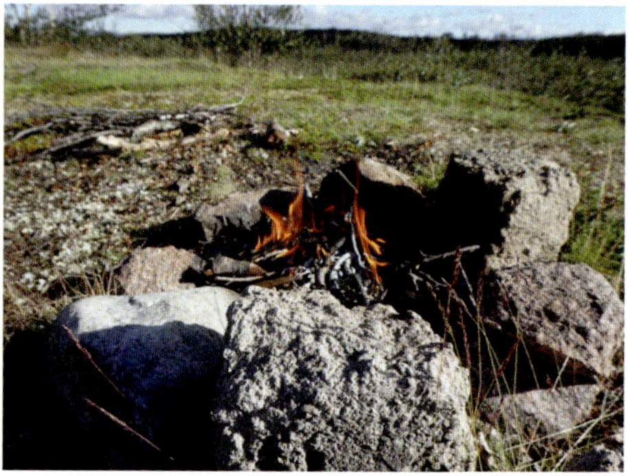

Südlich des Hügels Gilddosoaivi kommen Sie zu einem Bach und einem kurzen, moorigen Abschnitt, danach kreuzen Sie das Gatter und überqueren Gilddosoaivi. Nordöstlich der Erhebung folgt eine erneute Durchquerung des Gatters und der E1 dreht nun in nördlichere Richtung. Als Nächstes wird der Fluss Spoahkkoaijohka durchwatet, dieser ist jedoch nicht anspruchsvoll. Sie durchwandern eine flache Ebene östlich der

Erhebung Spoahkkoaigielas und kreuzen den Fluss Gádjariegádanjohka, der leichter zu überqueren ist, als sein Name auszusprechen.

Die heutige Etappe endet offiziell bei der Anhöhe Duolbajarčopma, schöne Zeltplätze gibt es jedoch auch schon bei der ersten Überquerung Gádjariegádanjohkas oder ungefähr 1 km später bei der zweiten Furt.

Von Duolbajarčopma führt eine Piste für Geländefahrzeuge nach Osten, die eine Alternative ist, wenn Sie den E1 an dieser Stelle verlassen möchten. Von Ihrem Standpunkt Duolbajarčopma sind es knappe 20 km bis zur Landstraße.

Der obengenannte Weg führt an einer kleinen, offenen Hütte mit drei Betten und Kamin, südöstlich des Sees Skáiddejávri, vorbei und endet ebenfalls an der E6 am Porsangerfjord. Die Hütte ist auf der Wanderkarte als kleines, schwarzes Dreieck markiert und gehört den lokalen Rentierzüchtern.

Auf der heutigen Etappe befinden Sie sich weit von der „Zivilisation" und der Empfang mit dem Mobiltelefon reicht von überraschend gut zu nicht verfügbar. Wie immer bieten hochgelegene Plätze die beste Möglichkeit, Netzabdeckung zu bekommen, falls Sie das Telefon benutzen müssen.

# Etappe 10: Duolbajarčopma – E6 Hattir

*➲ 32,0 km, ⌛ 9 Std., ↑ 208 m, ↓ 349 m, ⇧ 180 – 361 m*
*Kartenblätter: 10181 Repparfjorddalen und 10182 Børselv*

| | | |
|---|---|---|
| 0,0 km | ⇧ 326 m | Duolbajarčopma |
| 0,1 km | ⇧ 326 m | Furt Gádjariegádanjohka |
| 1,8 km | ⇧ 328 m | Furt Boŋkafielbmá |
| 3,2 km | ⇧ 324 m | Furt Goahtemuorjohka |
| 12,7 km | ⇧ 294 m | Beginn Rentierzaun |
| 16,7 km | ⇧ 361 m | Skáidemohoaivi |
| 28,6 km | ⇧ 208 m | See Nedre Fransvatnet |
| 32,0 km | ⇧ 185 m | Parkplatz Hattir an der E6 |

*Diese Etappe des E1 ist ziemlich lang und kann daher gut auf zwei Wandertage verteilt werden. Mögliche Zeltplätze mit Zugang zu Trinkwasser gibt es zahlreiche entlang der Strecke, die meisten jedoch dem Wetter recht ausgesetzt. Erst ab km 20, südlich der Erhebung Ráksevárri, finden sich anheimelnde Zeltmöglichkeiten im Birkenwald.*

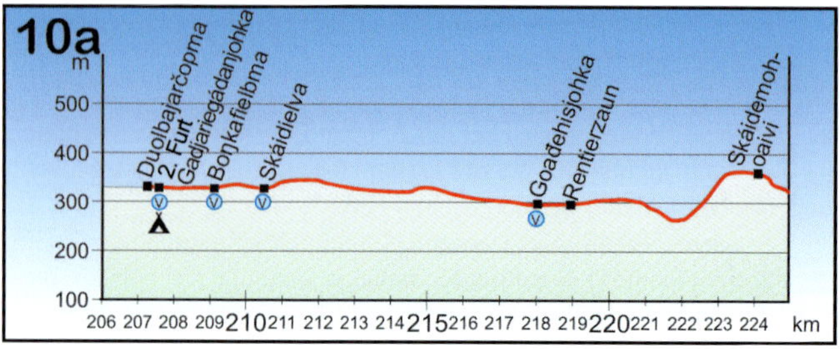


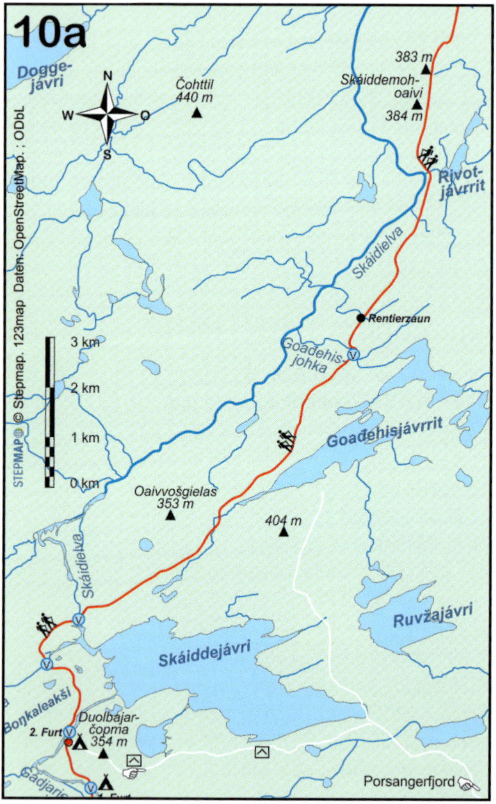


*Das Ziel der heutigen Etappe ist die E6: Damit haben Sie den längsten Abschnitt in der Wildnis hinter sich gebracht. Der E1 führt Sie über die baumlose Hochebene bis ins bewaldete Olderfjord Tal, wo Sie am Ende des Tages wieder ein wenig Zivilisation genießen können. Hier gibt es nicht nur einen Supermarkt, sondern auch einen Campingplatz und ein Hotel mit Restaurant.*

Von Duolbajarčopma beginnt die heutige Etappe mit der zweiten Überquerung des Gádjariegádanjohka, der an dieser Stelle bis zu knietief sein kann. Nach dem Fluss gibt es leider noch keinen Anlass, die Schuhe zum Waten wieder auszuziehen, da Sie jetzt ein ausgedehntes Moorgebiet namens

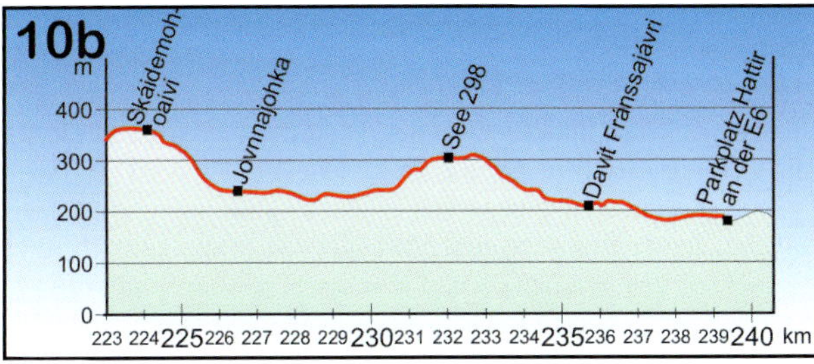


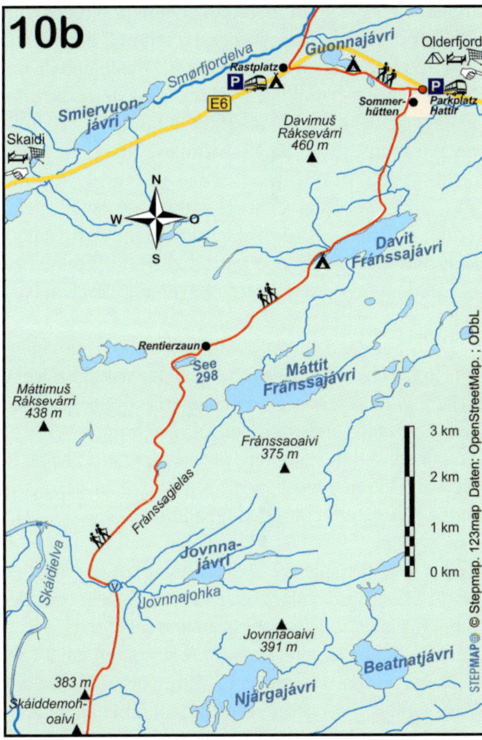


Boŋkaleakši vor sich haben. Rechnen Sie mit mindestens 2 feuchten und matschigen Kilometern, je nachdem wie viel es in den vergangenen Wochen geregnet hat. Sie überqueren den Bach Boŋkafielbmá und schließlich den noch jungen Skaidielva, nördlich des Sees Skáiddejávri. Dieser ist im Normalfall nicht besonders tief oder schwierig zu waten. Ein Stück weiter nordöstlich wird das Gelände nun endlich trocken und Sie durchwandern die Hochebene Oaivvošgielas. Nach einigen Kilometern sehen Sie rechts von sich einen Rentierzaun, dem Sie sich stetig nähern.

Nach der Überquerung des flachen Flusses Goađehisjohka treffen Sie endgültig auf den Zaun, dem Sie 3 km folgen. Von hier an wird der Untergrund nun abschnittsweise wieder matschiger. Der Skaidielva kommt zu Ihrer Linken in

Sicht und Sie bekommen ein wenig Abstand zum Rentierzaun. Nach der einfachen Überquerung eines kleinen Baches geht es bergauf, über Skáiddemohoaivi, der Zaun weiterhin rechts von Ihnen. Wie so oft ist das Gelände auch auf dieser Erhebung mühelos und trockenen Fußes zu durchwandern – und wie so oft wird die darauf folgende Tiefebene wieder einmal feucht und moorig.

Sie durchqueren den kleinen Fluss Jovnnajohka und wandern zwischen den Erhebungen Fránssagielas und Máttimuš Ráksevárri, nördlich von Ihnen, hindurch. Sie nähern sich nun der E6 und sind dem Porsangerfjord schon so nahe, dass das Meer von den höheren Punkten bei gutem Wetter sichtbar ist. Sie kommen zu dem kleinen See 298 und passieren diesen an seiner Nordseite. Direkt nach dem See treffen Sie erneut auf den Rentierzaun und folgen ihm 1 km nach Nordosten. Nun verläuft der E1 bergab, in den Birkenwald hinein und entlang eines Baches, der in den See Nedre Fransvannet mündet. Sie folgen dem Seeufer und biegen dann nach Norden in ein bewaldetes Tal ab, das Sie östlich des Hügels Davimuš Ráksevárri hinunter zu einigen Sommerhütten führt. Der E1 trifft nun auf eine quer verlaufende Schotterpiste an der E6, wo diese Etappe endet.

Für die Übernachtung haben Sie heute mehrere Möglichkeiten: Wenn Sie zelten wollen, so ist dies nahe des Nedre Fransvannet und auf den letzten Kilometern der heutigen Etappe gut möglich. Sie können auch der Schotterpiste, auf der Sie jetzt stehen, nach Westen folgen und am See Guonnajávri Ihr Zelt aufschlagen.

Falls Sie Proviant einkaufen und auf dem Campingplatz, in einer Hütte oder gar im Hotel schlafen wollen, so empfiehlt sich das Dorf Olderfjord. Es liegt 6 km nach Osten, wunderschön am Porsangerfjord gelegen, und lässt sich einfach erreichen, wenn Sie der Landstraße folgen. Auch nach Westen hin gibt es Unterkunfts- und Verpflegungsmöglichkeiten, nämlich im Dorf Skaidi, das 17 km entfernt liegt. Wenn Sie den Daumen raushalten, werden Sie an der gut befahrenen E6 binnen Kurzem in die jeweilige Richtung mitgenommen.

Die Buslinie 62 *Nordkappexpressen* fährt auf dieser Strecke und obwohl Hattir keine Bushaltestelle hat, ist es möglich, dass der Bus hier für Sie anhält, wenn Sie signalisieren, dass Sie einsteigen möchten. In Richtung Olderfjord gibt es unter der Woche täglich drei Busse. Diese sollten um 11:00, 13:45 und 16:45 hier vorbeikommen, da sie jeweils 15 Min. vorher in Skáidi losfahren. An Samstagen verkehrt lediglich der letzte Bus und an Sonntagen der erste und letzte Bus.

In Richtung Skáidi gibt es ebenfalls drei Busse täglich, um 8:50, 11:55 und 16:55. Der Bus fährt 5 Minuten vorher in Olderfjord ab. An Samstagen fährt lediglich der letzte Bus und an Sonntagen fahren die beiden letzten Busse.

Der Empfang mit dem Mobiltelefon wird nahe der E6 stetig besser.

## Olderfjord

Die Touristeninformation befindet sich im Souvenirshop des Hotels und Campingplatzes und ist von 8:00-20:00 geöffnet.

Das Olderfjord Hotel ist ein recht einfaches Hotel mit Restaurant. Eine Übernachtung kostet jedoch NOK 970 pro Nacht fur zwei Personen. 47/78 46 37 11, www.olderfjord.no, post@olderfjord.no, 9713 Russenes

Der direkt am Meer gelegene Campingplatz Russenes Camping gehört zum Hotel und bietet Hütten verschiedenen Standards an. Eine Hütte für zwei Personen kostet ab NOK 460 per Nacht. Zelten kostet NOK 95 pro Nacht und es ist keine Voranmeldung erforderlich.

Besucher des Campingplatzes können Waschmaschine und Trockner, die sich in den Waschräumen hinter dem Souvenirshop befinden, umsonst nutzen. Kontakt: siehe Olderfjord Hotel

Der Supermarkt Lind & Sønn, der zur Kette Matkroken gehört, ist gleichzeitig eine Tankstelle, das lokale Postamt und ein Café, in dem es frische warme Waffeln und Hotdogs zu kaufen gibt. Sogar Medikamente und Angelscheine können Sie hier erwerben.

*Die Tankstelle, Supermarkt, Post und Imbiss*

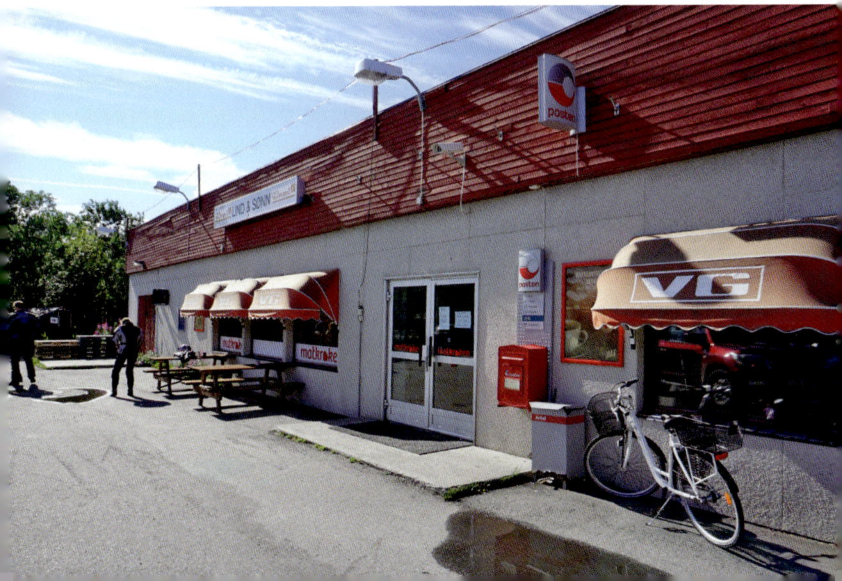

Gaskartuschen sind jedoch nicht erhältlich. Hier können Sie von Montag bis Samstag zwischen 10:00 und 18:00 einkaufen, sonntags ist, wie überall in Norwegen, geschlossen.

## Skaidi

Das Skaidi Hotel ist ein gemütliches, dreisterniges Hotel mit Restaurant, Pool, Sauna und Fitnesscenter. Eine Übernachtung kostet NOK 1.100 pro Nacht für zwei Personen. Wenn Sie sich eine erholsame und luxuriöse Nacht im Hotel wünschen, ist dies eine bessere Wahl als das Olderfjord Hotel.
Die Rezeption ist von 2:30 bis 22:00 geöffnet. 47/78 41 55 00,
www.skaidihotel.com, skaidihotel@fikas.no, 9620 Kvalsund

Das Skaidicenteret bietet ein Motel und Hütten an. Zudem gehört auch eine Tankstelle und eine Kneipe, in der warme Mahlzeiten serviert werden, zum Komplex.
Die Preise für Übernachtungen variieren, je nach Art der Unterkunft zwischen NOK 500 und NOK 1.200 pro Nacht und pro Person. Das Skaidi Center ist jeden Tag von 9:00-22:00 geöffnet. 47/78 41 62 01, www.skaidicenteret.no, skaidic@online.no, 9620 Kvalsund

Der kleine Supermarkt Nærbutikken Skaidi bietet ein breites Sortiment an Lebensmitteln an, zudem können Sie Medikamente und Angelausrüstung erwerben. Gaskartuschen lassen sich hier leider nicht finden. Von Mo bis Fr ist der Supermarkt von 8:00-22:00 geöffnet, samstags 9:00-22:00 und in der Hochsaison auch sonntags von 10:00-22:00.

# Etappe 11: E6 Hattir – Stohpojohka

*21,5 km, 5 Std., ↑ 358 m, ↓ 208 m, ⇧ 85 – 361 m*
*Kartenblatt: 10188 Repvåg*

| | | | |
|---|---|---|---|
| 0,0 km | ⇧ | 174 m | Parkplatz Hattir an der E6 |
| 3,7 km | ⇧ | 181 m | Überquerung E6 ⛺ |
| 7,8 km | ⇧ | 92 m | Furt Smørfjordelva |
| 9,4 km | ⇧ | 109 m | Treff auf Landstraße 889 |
| 9,6 km | ⇧ | 117 m | Beginn des Wanderwegs |
| 19,1 km | ⇧ | 361 m | Höchster Punkt der Etappe |
| 21,1 km | ⇧ | 314 m | Furt Stohpojohka |
| 21,5 km | ⇧ | 324 m | Stohpojohka Hütte |

*Auf der heutigen Etappe kommen Sie von der E6 aus erneut in die Wildnis. Von nun an verändert sich die Landschaft und ist vom stürmischen Klima nahe an der Küste geprägt. Selbst in den niedrigeren Lagen gibt es nun keine Birkenwälder mehr, das Gelände ist steinig und schroff anstatt leicht gewellt und sanft wie in der inneren Finnmark. Das Ziel Ihrer Wanderung ist die offene Hütte Stohpojohka, die bei schlechtem Wetter ein wahres Geschenk des Himmels ist. Stohpojohka ist eine sehr einfache Notunterkunft, bietet jedoch Platz für einige Personen und dank des Kamins kann man hier sogar seine Schuhe und Kleidung trocknen.*

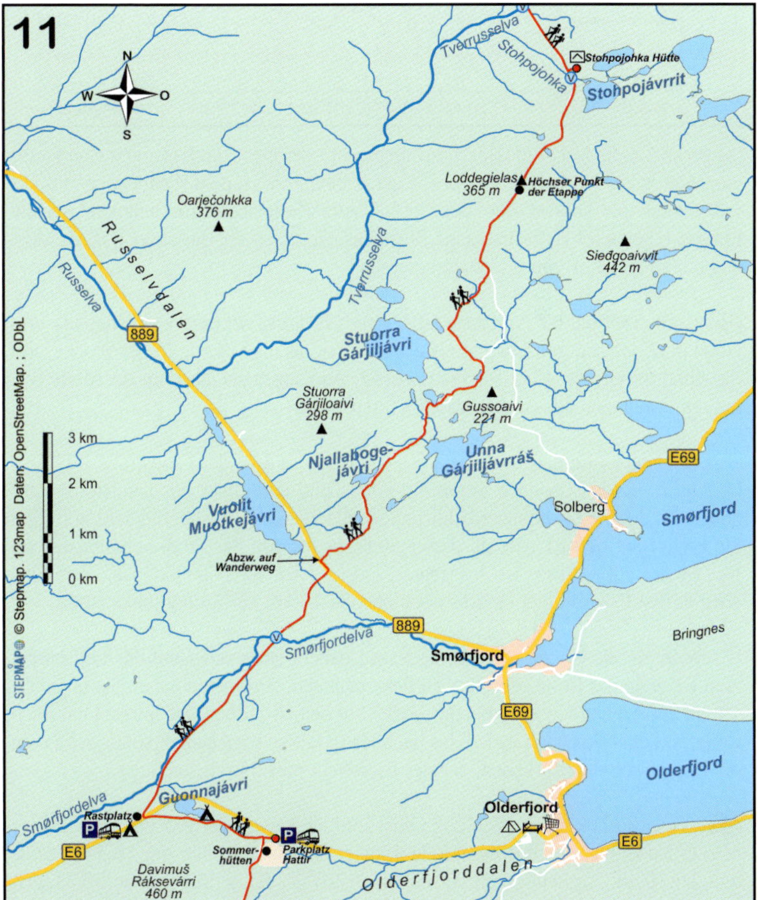

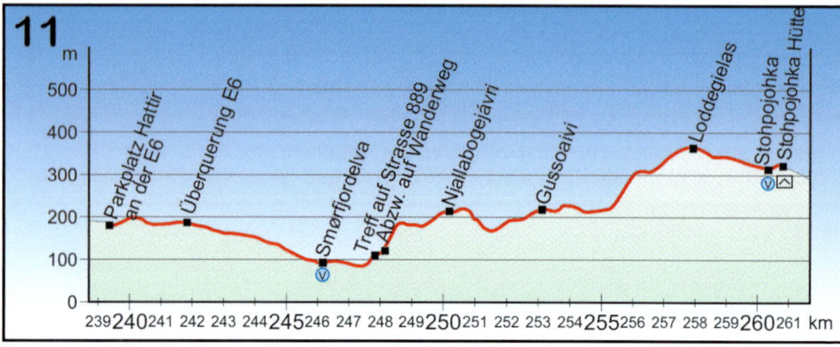


Wenn Sie die Nacht in Olderfjord verbracht oder hier zum Einkaufen eine Pause eingelegt haben, so haben Sie zwei Möglichkeiten, um zu dem Wanderweg zurückzukommen. Sie können den Bus zurück zum Rastplatz Hattir nehmen, wo die Etappe 10 endete. Hattir hat keine Bushaltestelle, aber der Busfahrer wird Sie dort aussteigen lassen, wenn Sie nachfragen.

Die Buslinie 62 *Nordkappexpressen* hält direkt vor dem Campingplatz und Hotel in Olderfjord und braucht etwa 5 Minuten bis nach Hattir. In der Woche sind die Abfahrtszeiten 8:45, 11:15 und 16:55. An Samstagen fährt nur der letzte Bus und an Sonntagen fahren die beiden letzten Busse.

Die andere Alternative ist, dass Sie von Olderfjord an der Landstraße E69 entlang nach Norden bis nach Smørfjord gehen und dann links zur Landstraße 889 abbiegen, der Sie bis zu einem Umspannwerk folgen. Nach weiteren 200 m treffen Sie erneut auf den E1, der an dieser Stelle rechts von der Straße abgeht und ab hier wieder gut markiert ist. Insgesamt sind es 7 km vom Campingplatz zum Einstieg in den E1. Von hier sind es noch knappe 13 km zur Stohpojohka Hütte.

Wenn Sie die Nacht in Skáidi verbracht haben, ist es aufgrund der Entfernung zum E1 wohl das Beste, den Bus zurückzunehmen. Ansonsten haben Sie ungefähr 14 km auf Asphalt vor sich, bis Sie wieder auf den E1 stoßen. Sie müssen natürlich weder mit dem Bus noch zu Fuß bis nach Hattir fahren bzw. laufen, sondern können die Landstraße dort verlassen, wo der E1 erneut nach Norden abbiegt.

Die Buslinie 62 in Richtung Olderfjord fährt unter der Woche drei Mal täglich. In Skáidi hält der Bus bei der Tankstelle und fährt von hier um 10:45, 13:30 und 16:30 ab. An Samstagen verkehrt lediglich der letzte Bus und an Sonntagen der erste und letzte Bus. Weder in Hattir noch am Parkplatz westlich des Sees

Guonnajávri sind feste Bushaltestellen, doch die Busfahrer in der Finnmark halten auf Wunsch eigentlich überall an. Viele Einheimische wie auch Reisende müssen zwischen den Haltestellen aussteigen, um sich stundenlange Märsche zu ersparen. Ebenso verhält es sich, wenn man zwischen den Haltestellen einsteigen möchte: Niemand wird hier mitten im Nichts stehen gelassen, wenn der nächste Bus erst wieder am Tag darauf fährt. Stellen Sie nur sicher, dass Sie dem Busfahrer eindeutig signalisieren, mitfahren zu wollen.

Wenn Sie am Rastplatz Hattir beginnen, folgen Sie der Schotterpiste nach Westen, vorbei am See Guonnajávri, bis Sie wieder an die E6 stoßen. Überqueren Sie diese vorsichtig. Hier finden Sie einen großen Parkplatz, auf dem im Sommer zahlreiche Touristen mit ihren Wohnmobilen wild campen, und auch eine Toilette gibt es. Folgen Sie der markierten Schotterpiste in nordöstlicher Richtung, bis Sie nach ungefähr 4 km den Fluss Smørfjordelva überqueren müssen, der knietief sein kann. Direkt nördlich des Flusses wird die Piste zu einer sandigen Straße und führt an einigen Häusern vorbei zur Landstraße 889.

Folgen Sie dieser 200 Meter nach Westen und biegen Sie dann rechts durch ein sehr gut markiertes Rentiergatter ab. Nun geht es durch den Birkenwald bergauf, bis Sie wieder auf dem baumlosen Plateau stehen. Nun wird es lange dauern, bis

*Porsangerfjord*

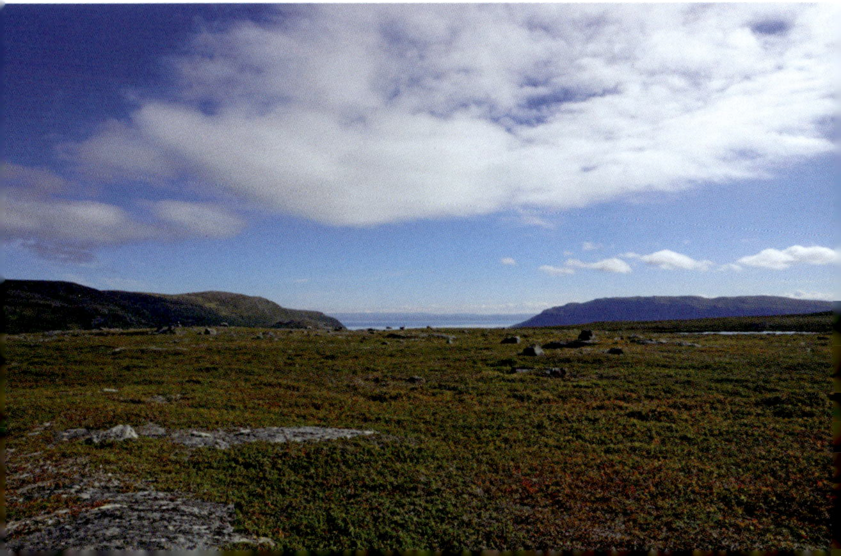

Sie sich erneut im Wald befinden werden. Sie kreuzen die Überlandleitung, die von dem Umspannwerk an der 889 kommt, mehrere Male und kommen zuerst am See Njallabogejávri und dann am See Unna Gárjiljávrráš vorbei. Kurz hinter der Anhöhe Gussoaivi teilt sich der Weg, der E1 nimmt die rechte Variante, es ist aber genauso gut möglich, nach links weiterzugehen, da beide Pfade nach 2 km wieder zusammenführen.

Nach einigen feuchteren Abschnitten beginnt der Aufstieg zur Anhöhe Loddoaivi und an deren Rücken entlang auf den Hügel Loddegielas hinauf, mit 365 Metern der höchste Punkt der heutigen Etappe. Von hier oben können Sie bei guter Sicht die rote Hütte Stohpojohka bereits erspähen. Sie nähern sich erneut der Überlandleitung, die stets zu Ihrer Rechten verläuft. Nun verlässt der E1 den Traktorweg und biegt nach links ab. Sie furten den Bach Stohpojohka, der meistens so niedrig ist, dass Sie von Stein zu Stein gehen können und ihn somit trockenen Fußes überqueren. Die Hütte ist auf der Karte lediglich als zwei kleine schwarze Quadrate eingezeichnet und liegt direkt südlich des Rentierzaunes.

Der Handyempfang ist zumeist gut, direkt an der Hütte aber etwas unzuverlässig. Wenn Sie mehr als nur telefonieren wollen, empfiehlt es sich, hoch zum Rentierzaun zu gehen.

*Der Fluss Stohpojohka, dem die Hütte ihren Namen verdankt.*

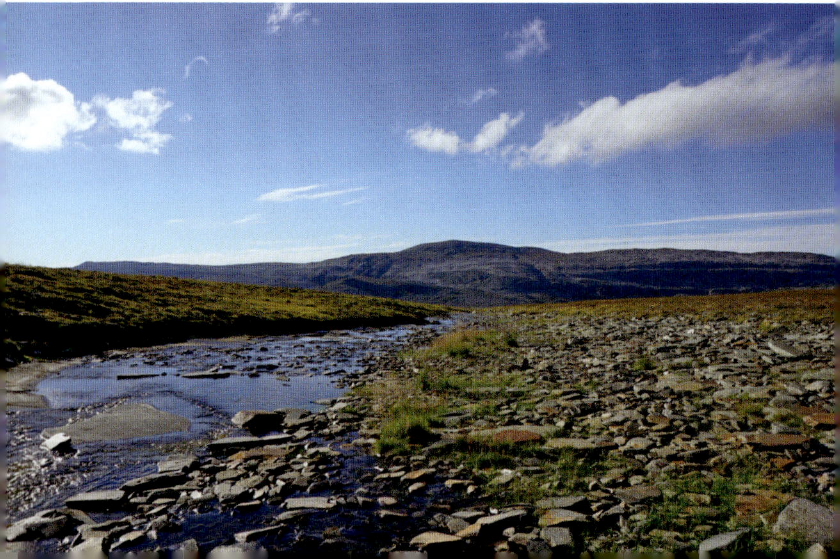

Zum Angeln empfehlen sich die beiden Seen Stohpojávrrit, die von der Hütte in wenigen Minuten zu erreichen sind. Früher auf der Etappe eignen sich die Seen Stuorra und Unna Gárjiljávri, die auch bei der Lokalbevölkerung sehr beliebt sind.

**Stohpojohka Hütte** (☞ Seite 10) – Diese private Hütte gehört einem Samen, der in dieser Gegend seine Rentierzucht betreibt. Sie steht das ganze Jahr über offen und die Benutzung ist gratis. Es gibt einen Kamin, jedoch keinen Gasherd. Gehen Sie respektvoll mit dem Feuerholz um. Die Hütte hat zwei Betten sowie mehrere Matratzen und Isomatten. Spannend ist ein Blick in das Gästebuch, denn hier kann man sehen, wer in den vergangenen Jahren auf dem E1 unterwegs war. Hier finden Sie Einträge auf Deutsch, Englisch und natürlich auch auf Norwegisch.

# Etappe 12: Stohpojohka – Várdánčohkka

*23,2 km, 5 Std., ↑ 252 m, ↓ 301 m, ⇧ 474 – 255 m*
*Kartenblatt: 10188 Repvåg*

| | | |
|---|---|---|
| 0,0 km | ⇧ 314 m | Stohpojohka Hütte |
| 1,4 km | ⇧ 261 m | Furt Tverrusselva |
| 7,3 km | ⇧ 301 m | Beginn des Aufstiegs |
| 9,7 km | ⇧ 474 m | Höchster Punkt der Etappe |
| 21,6 km | ⇧ 284 m | Furt des Auslaufs von Bealjáidjávri |
| 23,2 km | ⇧ 265 m | Várdánčohkka Hütte |

*Auf der heutigen Etappe geht es von der Hütte der Rentierzüchter durch die wilde Landschaft der steinigen Tundra weiter nach Norden in Richtung Kobbefjord. Ihr Ziel ist die kleine Erhebung Várdánčohkka, an der die gleichnamige Hütte steht. Diese Hütte ist jedoch leider nicht so geräumig und komfortabel wie Stohpojohka oder gar die anderen Hütten, die Sie auf vorherigen Etappen des E1 besucht haben. Es handelt sich hierbei mehr um eine klitzekleine Notunterkunft ohne Betten und sogar ohne Kamin. Falls das Wetter also einigermaßen mitspielt, ist es wirklich eine bessere Wahl zu zelten.*

Der E1 setzt von der Stohpojohka Hütte in Richtung Westen fort, nun aber nicht mehr auf der Schotterpiste, sondern entlang der mit dem roten T bemalten Steinplatten. Schon bald kommen Sie zu einem Rentiergatter, an dem jeder zehnte Zaunpfahl rot angestrichen ist, und folgen diesem. Es geht ein wenig bergab, auf den breiten, jedoch sehr flachen Fluss Tverrusselva zu und der Untergrund wird zunehmend feuchter.

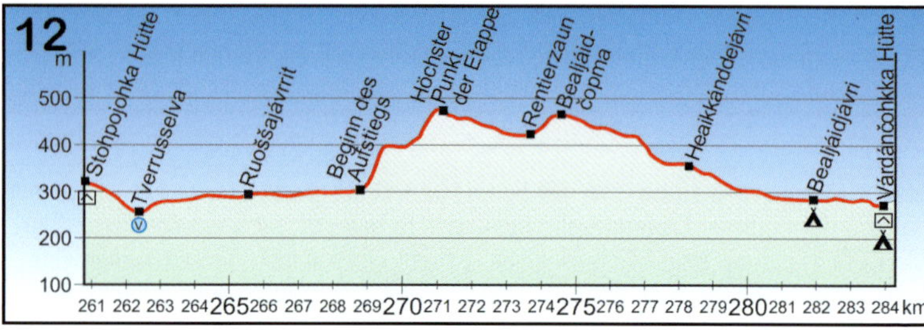


Sie kreuzen den Zaun zweimal: einmal kurz vor dem Fluss und nach der Überquerung des Flusses noch einmal. Sie folgen dem Zaun bis zum südlichen Ende der Seen Ruoššajávrrit und gehen nun entlang der Seen nach Nordosten.

Hier gibt es einige sehr schöne Plätze zum Wildcampen und die Seen laden zum Angeln ein.

Der Wanderweg ist an dieser Stelle noch wenig deutlich, aber die Markierungen sind zahlreich und lassen sich leicht verfolgen. Nach dem letzten See biegen Sie scharf nach links ab und haben nun einen steilen Anstieg zum See 391 vor sich. Sie gehen an der östlichen Seite des Sees entlang und dann weiter bergauf, bis Sie nördlich des Punktes 503 auf dem Rücken der lang gestrecken Erhebung Gárdevárri stehen. Die Aussicht über die raue und felsige Landschaft ist magisch. Der Weg verläuft auf dem Bergrücken entlang, zu Ihrer Rechten liegt der See Gahčahatjávri und bald treffen Sie auf einen Rentierzaun, der sich von der linken Seite nähert, bis Sie ihn schließlich kreuzen, um dann immer am Zaun entlang nach Norden zu gehen.

Sie kommen auf dem Bergrücken Bealjáidčopma an einigen kleinen Teichen vorbei und befinden sich immer noch auf circa 470 m Höhe. Von nun an geht es langsam abwärts, bis der Rentierzaun auf der Höhe des Sees Heaikkánddejávri endet. Der E1 läuft in gleicher Richtung weiter und stößt nun auf den großen See Bealjáidjávri, an dessen westlichem Ufer Sie nun entlanggehen. Sie kommen zu einem Auslauf des Sees, den Sie überqueren müssen. Das Wasser ist jedoch weder tief noch hat es viel Strömung. Weiter geht es zum See mit der Nummer 260 und an dessen östlicher Seite entlang. Nun können Sie die kleine Hütte sehen, die nahe am Ufer liegt.

Zum Zelten eignet sich das Ufer des Sees Bealjáidjávri und auch beim See 260 und bei Várdánčohkka lassen sich schöne Zeltplätze finden. So hoch im

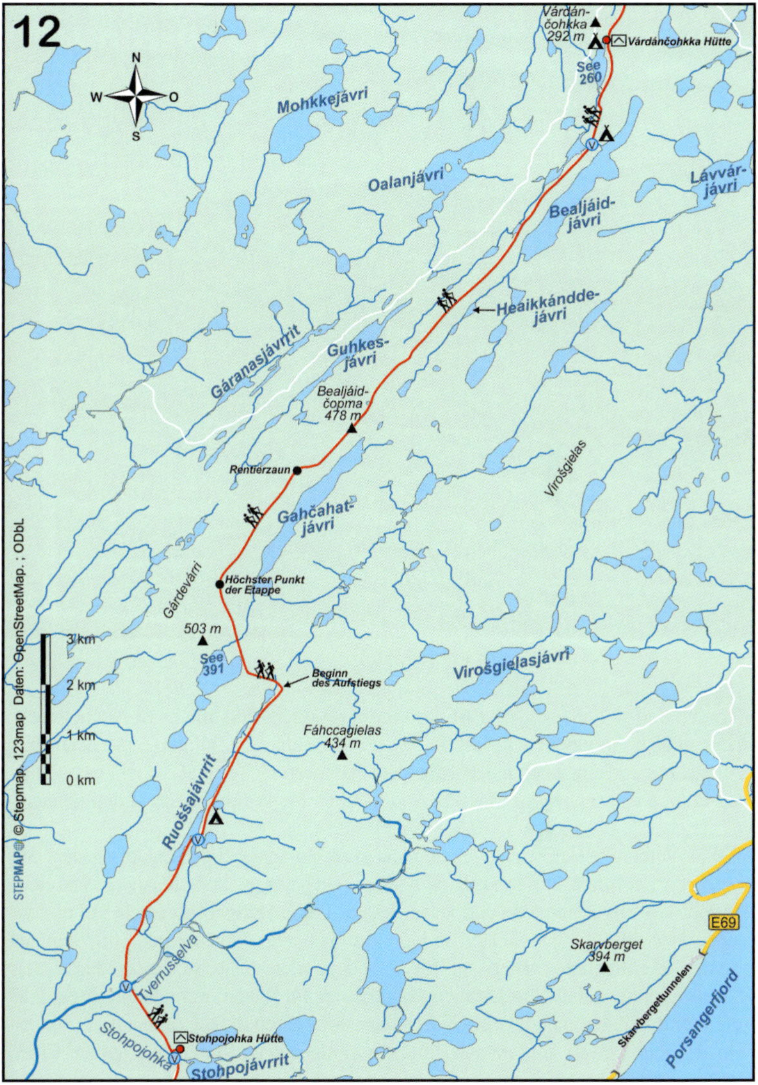
12
N
W
O
S
Várdán-
čohkka
292 m
Várdánčohkka Hütte
See
260
Mohkkejávri
Oalanjávri
Lávvár-
jávri
Bealjáid-
jávri
Heaikkándde-
jávri
Gáranasjávrrit
Guhkes-
jávri
Bealjáid-
čopma
478 m
Rentierzaun
Virošgielas
Gahčahat-
jávri
Höchster Punkt
der Etappe
Gárdevárri
503 m
3 km
2 km
1 km
0 km
See
391
Beginn
des Aufstiegs
Virošgielasjávri
Fáhccagielas
434 m
Ruoššajávrrit
STEPMAP © Stepmap, 123map Daten: OpenStreetMap; ODbL
E69
Skarvberget
394 m
Tverrusselva
Skarvbergettunnelen
Porsangerfjord
Stohpojohka Hütte
Stohpojohka
Stohpojávrrit

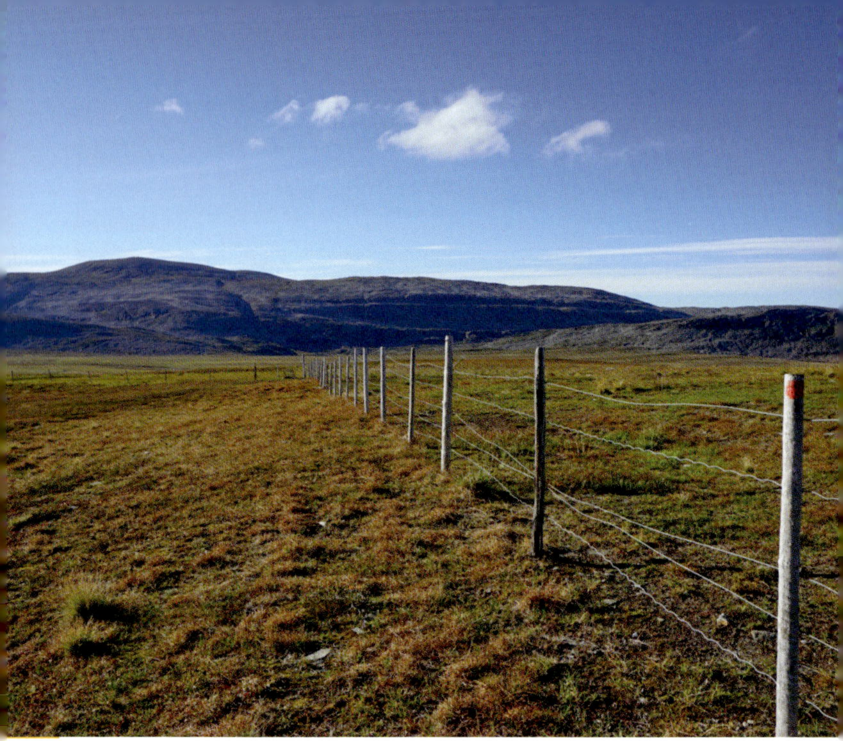

*Rote Markierung des E1 am Rentierzaun*

Norden und so nahe am Meer ist das Wetter oft wechselnd und es ist häufig windig oder neblig. An einem schönen Tag ist die Auswahl der Zeltplätze mit herrlicher Aussicht unendlich, wenn das Wetter seine harschere Seite zeigt, so gibt es auf dieser Etappe leider nicht so viele Plätze, an denen Sie Windschatten finden können.

⌂ **Várdánčohkka** ist ein kleiner, nicht verschlossener Unterschlupf, in dem Sie bei Bedarf auf dem Boden schlafen können. Hier gibt es Platz für zwei Personen. Es gibt keine Wärmequelle und keine Betten. Diese Hütte gehört den Samen, die jedes Frühjahr und jeden Herbst hier ihre Rentiere vorbeitreiben. Im Sommer weiden die Rentiere näher am Meer und werden teilweise sogar durch den Nordkaptunnel auf die Insel Magerøya getrieben. Im Winter, wenn Schnee liegt und die Wetterbedingungen hier oben sehr rau sind, weiden die Rentiere auf der Vidda, wo das Klima etwas kontinentaler und damit stabiler und trockener, jedoch kälter ist.

# Etappe 13: Várdánčohkka – Nordkaptunnel

*25,7 km, 5 Std., ↑ 526 m, ↓ 796 m, ⇧ 0 – 284 m*
*Kartenblatt: 10188 Repvåg*

| | | |
|---|---|---|
| 0,0 km | ⇧ 270 m | Várdánčohkka Hütte |
| 3,7 km | ⇧ 43 m | Furt Austerbotnelva |
| 5,3 km | ⇧ 1 m | Kobbefjorden |
| 12,6 km | ⇧ 8 m | Námmegieddi |
| 15,8 km | ⇧ 3 m | Furt Lafjordelva |
| 22,6 km | ⇧ 158 m | Furt Fisketindelva |
| 25,6 km | ⇧ 27 m | Zweite Furt Fisketindelva |
| 25,7 km | ⇧ 4 m | Landstraße E69 |

*Nun steht bereits die drittletzte Etappe auf dem E1 bevor und auf dieser können Sie die wilde und unerschlossene Landschaft der Finnmark noch einmal in vollen Zügen genießen. Keine Straße, kein Haus und kein Lärm werden Ihnen auf der Wanderung begegnen. Wenn Sie erst einmal am Nordkaptunnel angekommen sind, wartet die Insel Magerøya mit neuen Herausforderungen auf Sie. Die heutige Etappe ist die erste seit dem südschwedischen Varberg, auf der der E1 Wanderweg auf das Meer trifft. Auch wenn Sie wahrscheinlich einen Halt in Olderfjord gemacht haben, um dort einzukaufen und zu übernachten, so ist der Blick auf den Kobbefjord und die Insel Magerøya, auf der sich das Nordkap befindet, doch ein spezieller Augenblick.*

Der heutige Tag beginnt mit dem Abstieg in Richtung Meer. Folgen Sie den zahlreichen rot markierten Steinplatten und schon bald liegt eine fantastische Aussicht über den Fjord und die umgebende Landschaft vor Ihnen.

Es geht an der westlichen Seite des Sees Bealččajávri vorbei und bald darauf gehen Sie wieder an einem Rentierzaun entlang.

Rentiere

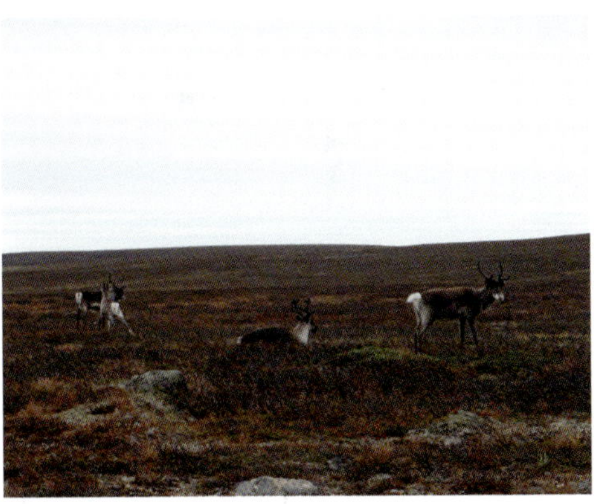

☺ Einige dieser Zäune sind permanent und befinden sich immer an der gleichen Stelle, andere Zäune werden von den Rentierzüchtern immer nach Bedarf aufgestellt oder ihre Position wird verändert. Deshalb finden Sie nicht alle Zäune, die Sie passieren, auch auf der Landkarte wieder. Sie folgen dem Zaun, den Sie hier also wahrscheinlich auffinden, einige Kilometer. Zuweilen müssen Sie aufgrund eines Tümpels oder einer moorigen Stelle ein wenig vom Zaun abweichen. Wenn Sie ungefähr beim Punkt 131 auf der Wanderkarte angekommen sind, sollten Sie über den Zaun steigen und ihn nun zu Ihrer Linken liegen lassen. Der Pfad teilt sich und Sie halten sich rechts, wo Sie nun der Abstieg zum Fluss Austerbotnelva erwartet. Sie furten diesen und kommen in ein bewaldetes Gebiet mit einigen windgepeitschten, knorrigen Birken. Sie folgen einem kleinen Bach, einem Seitenarm des Austerbotnelva, bis hinunter ans Meer.

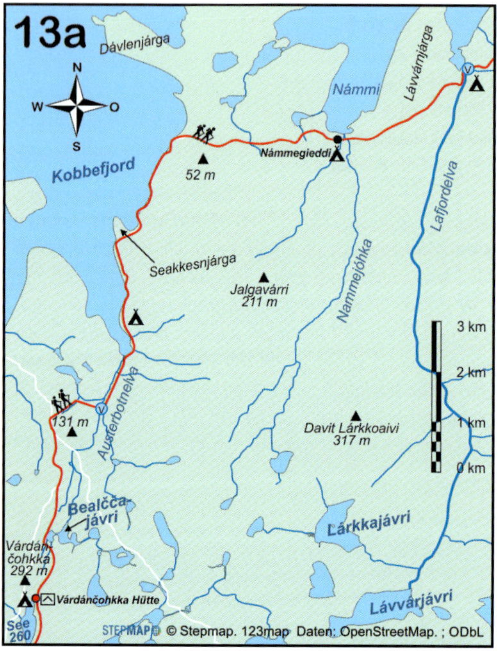


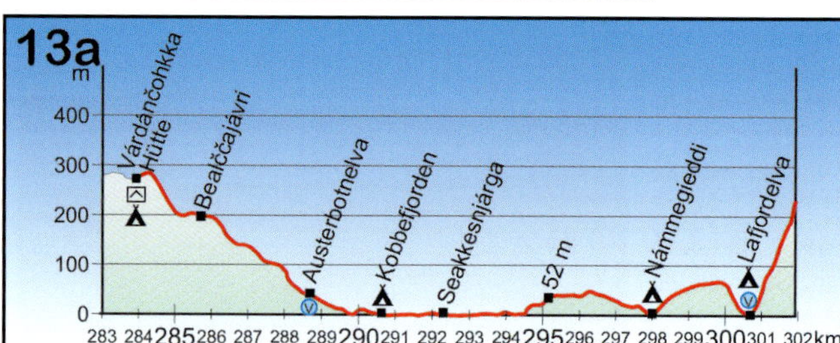

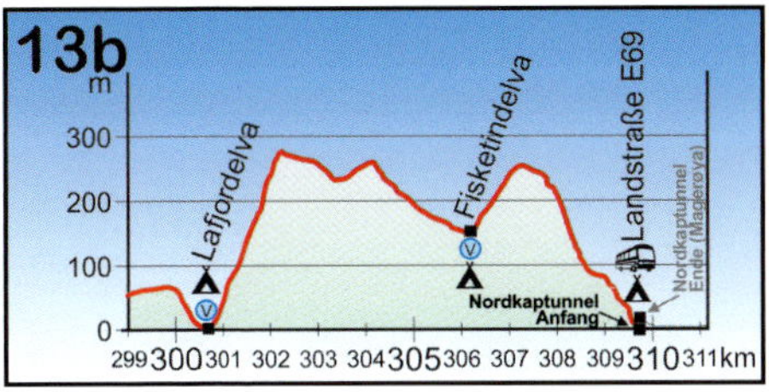


Sie befinden sich nun direkt am Atlantik. Genießen Sie den Moment und atmen Sie die salzige und frische Luft tief ein!

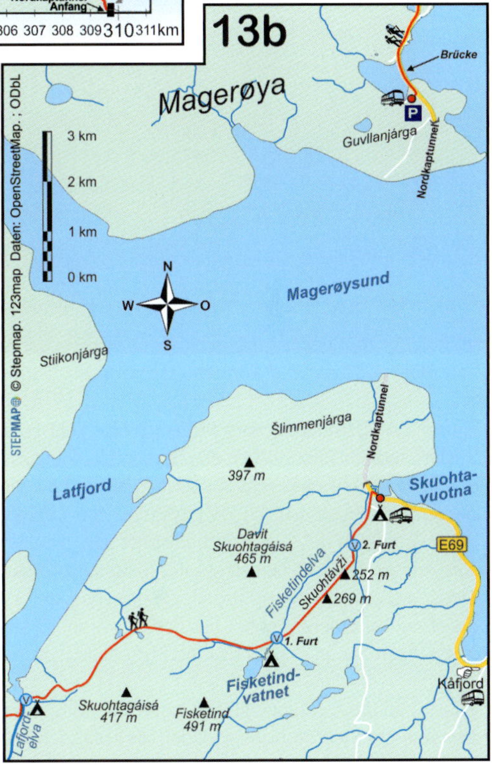


Folgen Sie dem Verlauf des Ufers an der Landzunge Seakkesnjárga vorbei. Nach einigen Kilometern verlassen Sie das Ufer schließlich in östlicher Richtung und gehen auf den Punkt 52 zu. Es geht nun ein wenig bergauf und der Untergrund wird recht feucht und matschig. Dies bleibt so, bis Sie schließlich auf der anderen Seite des Hügels erneut zum Meer hinunterkommen Zu Ihrer linken Seite kommt eine Stromleitung in Sicht, die sich dem E1 langsam nähert. Dort, wo die Stromleitung und das Meer zusammentreffen, liegt eine kleine, private Hütte namens Námmegieddi. Hier überqueren Sie den Fluss Nammejóhka, der ganz passend in die Bucht Námmi fließt. Sie können den Fluss auf großen Steinen überqueren.

Nun treffen Sie auf eine Schotterpiste, der Sie über den nächsten Bergrücken, Lávvárnjárga, folgen. Sie kreuzen zwei Stromleitungen und kommen hinunter zum Fluss Lafjordelva. Dieser sieht auf der Karte zwar breit aus, ist aber sehr flach und

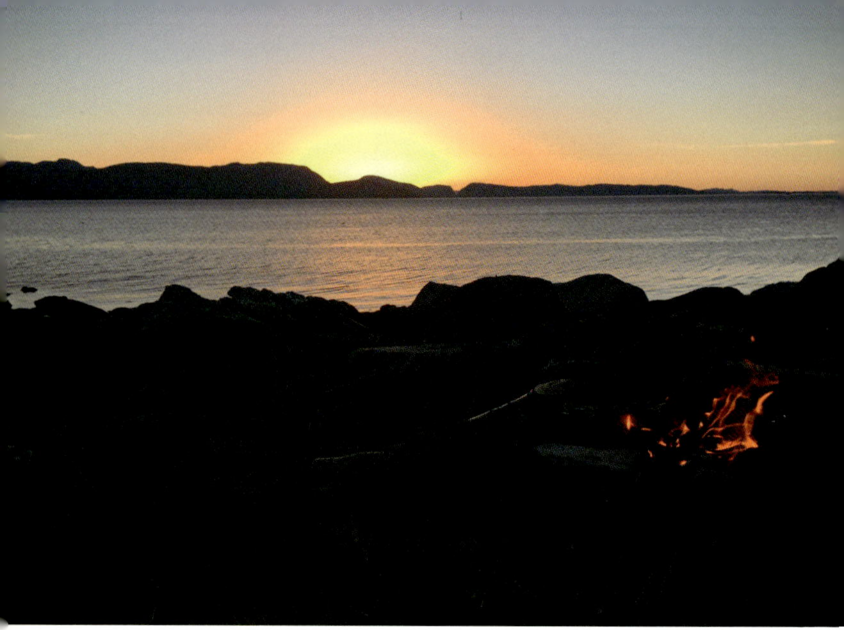

*Am Meer – Feuer und Sonnenuntergang am Lafjord.*

einfach zu überqueren. Vom Meeresspiegel geht es nun steil bergauf, bis auf circa 250 m, und im Tal zwischen den Bergen Skuohtagáisá und Davit Skuohtagáisá hindurch. Nun geht es bereits wieder bergab und Sie verlassen das enge Tal nördlich des Gipfels Fisketind, mit 491 Metern. Sie überqueren den Fluss Fisketindelva direkt unterhalb des Sees Fisketindvatnet und gehen im Folgenden nun nicht im Tal, sondern an der östlichen Bergseite, Skuohtávži. Nach den Punkten 269 und 252 kreuzen Sie eine weitere Stromleitung, gehen steil bergab und kreuzen den Fluss Fisketindelva erneut. Folgen Sie dem Fluss an seinem westlichen Ufer und schon bald stehen Sie an der Landstraße E69, nahe dem Nordkaptunnel.

Auf dieser Etappe gibt es zahlreiche Möglichkeiten zum Wildcampen, unter anderem am Meer in Námmegieddi, am Lafjordelva, nahe dem Fisketindvatnet und auch nahe der E69 am Ende der Wanderung.

Wenn Sie eine Angel mit sich tragen, sollten Sie sich die zahlreichen Forellen im Fisketindvatnet nicht entgehen lassen. An den Meeresbuchten gibt es gute Gelegenheit, um auch hier einen Fisch fürs Abendessen zu fangen. Zumeist kleinere Köhler lassen sich hier finden.

Da Sie sich nun an der Straße befinden, haben Sie die Möglichkeit, die Stadt **Honningsvåg** zu besuchen, die nicht am E1 liegt, jedoch auf der Insel Magerøya. Es sind 25 km nach Honningsvåg und diese Strecke umfasst den 7 km langen Nordkaptunnel, den recht kurzen Sarnestunnel und den 4 km langen Honningsvågtunnel. Es bietet sich also nicht direkt an, zu Fuß zu gehen. Sie haben zwei Möglichkeiten: die eine ist, den Bus abzupassen, und die andere, nach einer Mitfahrgelegenheit Ausschau zu halten. In der Hochsaison fahren unzählige Wohnmobile und Touristen in ihren Mietautos hier vorbei, Sie werden also wahrscheinlich nicht lange warten müssen. Seien Sie immer achtsam, wenn Sie per Anhalter fahren. Steigen Sie nicht in jemandes Auto, wenn Sie ein mulmiges Gefühl haben.

*Schild beim Nordkaptunnel*

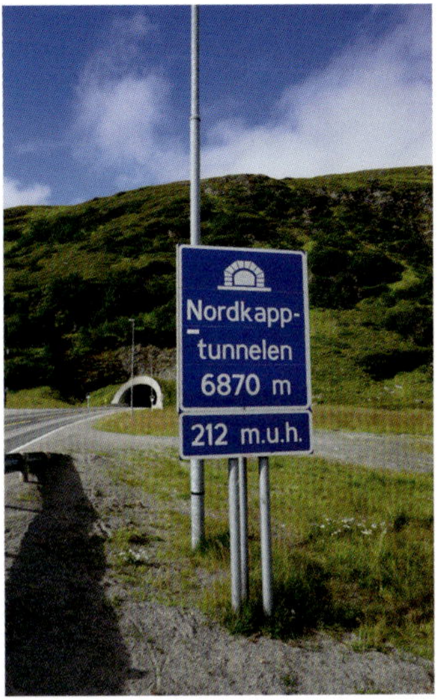


Der Bus in Richtung Honningsvåg (Linie 62) hat eine offizielle Haltestelle in Kåfjord und hält hier unter der Woche um 12:20, 15:00 und 17:55. An den Wochenenden fährt lediglich der letzte Bus. Von der Stelle, an der der E1 auf die Landstraße trifft, sind es ungefähr 4 km bis zur Bushaltestelle Kåfjord. Sie können aber ebenso gut nahe dem Tunnel auf den Bus warten und diesen heranwinken. Die Busfahrer sind in der Regel ausgesprochen freundlich und lassen niemanden einfach an der Straße stehen. Schauen Sie nach einem Platz, an dem der Bus gut anhalten kann, also nicht direkt an der Tunnelöffnung.

Einmal in Honningsvåg können Sie einkaufen, im Hotel übernachten und das bunte Treiben am Hafen rund um die Fischerboote und Kreuzfahrtschiffe betrachten. Vielleicht eine angenehme Abwechslung nach all den Tagen auf der Finnmarksvidda.

## Honningsvåg

🛏 Es gibt zwei Scandic Hotels in Honningsvåg: Scandic Bryggen und Scandic Honningsvåg. Beide liegen zentral, das Scandic Bryggen ist jedoch teurer und hat eine bessere Ausstattung. Rechnen Sie mit NOK 1.500 bis NOK 2.000 für ein Doppelzimmer mit Frühstück. 💻 www.scandichotels.se/hotell/norge/honningsvag, ☏ 47/78 47 72 20

Die Jugendherberge Nordkapp Vandrerhjem Hostel liegt ebenfalls zentral und kostet NOK 900 für ein Doppelzimmer. Kobbhullveien 10, 9750 Honningsvåg, ☏ 47/91 82 41 56 (keine Mailadresse oder Homepage)

Der größte Supermarkt ist der Discounter Rema 1000, den Sie nahe der Kreuzung zur E69 finden. 8:00-23:00, sonntags geschlossen

♦ Im Zentrum liegt der Supermarkt Coop an der Storgata. 7:00-22:00, sonntags geschlossen

Wenn Sie nach Ausrüstung, Gaskartuschen oder Kleidung suchen, so ist das Sportgeschäft G-Sport einen Besuch wert. Hier gibt es alles von Wanderstiefeln bis zu Rucksäcken, gefriergetrocknetem Essen und Angelausrüstung. 9:00-16:00, samstags 10:00-15:00, sonntags geschlossen ☏ 47/78 47 10 00

Eine Apotheke liegt ebenfalls im Zentrum an der Storgata 9, 9:00-16:00, sonntags geschlossen

Ein staatliches Ärztehaus finden Sie bei Bedarf im Sykehusveien 16B. Wenn Sie akut einen Termin brauchen, können Sie rund um die Uhr die ☏ 47/78 47 66 66 anrufen. In Notfällen ansonsten natürlich die ☏ 113.

⌘ Das Nordkappmuseum zeigt Ausstellungen über die maritime Geschichte der Stadt und Region. Es ist von Mitte Juni bis Mitte September täglich von 10:00-16:00 geöffnet. Ab Mitte August nur unter der Woche. Der Eintrittspreis beträgt NOK 50 pro Person.

Eine Bankfiliale der SpareBank 1 Norge finden Sie an der Storgata 14A. Mo bis Fr 10:00-14:00

Das Fischrestaurant Kingcrab House liegt an der Sjøgata 6, genau im Zentrum. Es ist täglich von 11:00-22:00 geöffnet und eine warme Mahlzeit kostet zwischen NOK 115 und 320.

♦ In dem Restaurant Corner Spiseri werden verschiedene Gerichte mit Walfleisch, aber auch Fleischgerichte angeboten. Die Preisspanne liegt hier zwischen NOK 110 und 260 für ein Hauptgericht. 10:00-23:00, Fiskeriveien 2A

Die Arctico Ice Bar ist, wie der Name verrät, eine Bar, die aus Eis gebaut wurde. Dies ist eine Touristenattraktion, die vor allem von den Gästen der Kreuzfahrtschiffe genutzt wird. Viele Besucher kommen aus spanischsprachigen Ländern, da die Besitzer ein Paar aus Spanien sind. Die Bar ist im Sommer jeden Tag mindestens 10:00-21:00 geöffnet. Es ist ein Eintrittspreis von NOK 139 zu entrichten, für den Sie warme Kleidung und zwei nicht alkoholische Getränke bekommen. Sjøgata 1.

Ebenfalls einen Besuch wert ist die Kirche Honningsvågs aus dem Jahre 1885. Nach dem Zweiten Weltkrieg diente sie als Unterkunft für über hundert Menschen, die ihre Häuser im Krieg verloren hatten. Sogar eine Backstube gab es in der geräumigen Kirche, in der heute 220 Menschen zu Gottesdiensten Platz finden.

# Etappe 14: Nordkaptunnel – Skarsvågkrysset

*19,1 km, 5 Std., 432 m, 306 m, 582 – 898 m*
*Kartenblatt: 10193 Nordkapp*

| | | |
|---|---|---|
| 0,0 km | 0 m | Parkplatz |
| 0,3 km | 2 m | Brücke |
| 4,6 km | 4 m | Beginn der Wanderung abseits der E69 |
| 8,9 km | 285 m | Kreuzung mit der Landstraße Fv156 |
| 12,2 km | 245 m | Kreuzung mit der E69 |
| 14,3 km | 181 m | Aussichtspunkt |
| 19,1 km | 37 m | Kreuzung Skarsvågkrysset |

Sie befinden sich nun nördlich des Festlands, auf der Insel **Magerøya**. Wie der Name schon andeutet, ist die Natur hier karg und harsch – und auch dadurch bezaubernd. Im Gegensatz zu der Landschaft weiter südlich in der Finnmark gibt es hier weder Landwirtschaft noch Baumbewuchs. Die Besitzerin einer der Campingplätze sagte recht passend, dass es hier lediglich Steine und Wasser gebe. Ein Indiz für das raue Klima ist auch, dass die Wege im Winter nahezu permanent mit

*Blick über die steinige Landschaft*

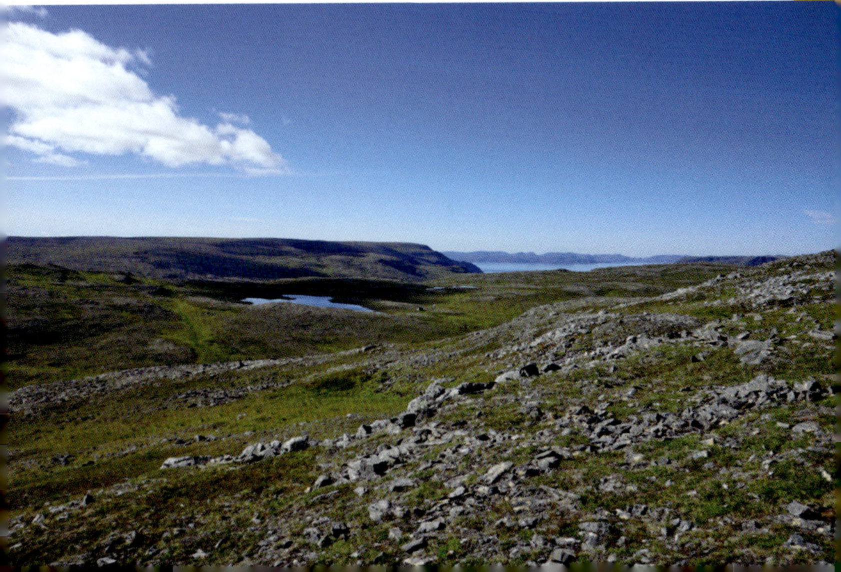

einer Schranke geschlossen sind und lediglich zu festen Zeiten eine Kolonne hinter einem Schneepflug herfahren darf.

Auf Magerøya wird es häufig neblig, auch an zunächst sonnigen Tagen. Dieser Nebel steigt rasch aus dem Meer auf und legt sich dicht über die konturlose Landschaft. Lassen Sie sich davon nicht abschrecken, aber seien Sie darauf vorbereitet, in schlechter Sicht zu navigieren, falls Sie sich abseits der Straße befinden.

Die beiden Etappen, die auf der Magerøya verlaufen, sind die einzigen beiden des E1 Wanderweges, die über keine offiziellen Markierungen verfügen. Abgesehen von einer 4 km langen Strecke, die querfeldein von der Bucht Sarnespollen zur Gjesvær Straße verläuft, folgen die beiden Etappen einfach der Landstraße E69.

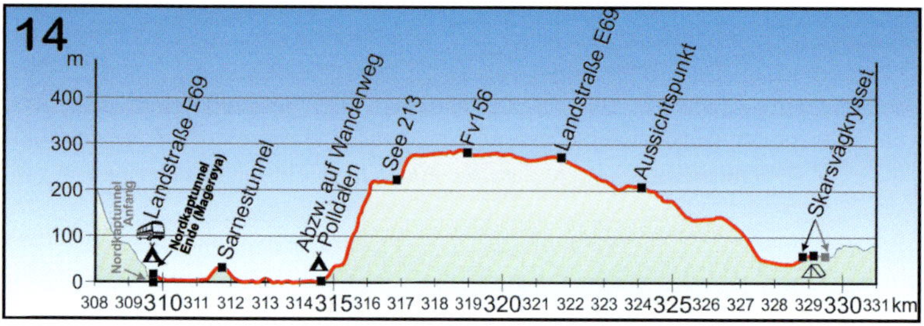


Diese Etappe ist nicht markiert.

Sie beginnen die heutige Wanderung am Ausgang des Nordkaptunnels. Falls Sie mit dem Bus oder einem hilfsbereiten Menschen mit motorisiertem Untersatz durch den Tunnel gefahren sind, können Sie direkt hinter dem Ausgang auf einem Parkplatz aussteigen. Wenn Sie nicht mit dem Ziel wandern, wirklich jeden Meter des Weges aus eigener Kraft zurückzulegen, so könnten Sie die 5 km bis nach Sarnespollen, dort, wo der Wanderweg die E69 verlässt, auch im Vorbeifahren genießen.

Vom Parkplatz beim Ausgang des Tunnels folgen Sie stets der Landstraße. Zunächst geht es über eine mehrere Hundert Meter lange Brücke, dann immer mit dem Meeresufer zu Ihrer Rechten. Je nach Wetter und Sicht ist es abschnittsweise möglich, am Strand oder auf jeden Fall etwas abseits des Asphalts zu gehen.

Nach 2,5 km kommen Sie zum Sarnestunnel. Diesen müssen Sie nicht durchqueren, sondern können am Meer entlang um die Landspitze herumgehen. Nach

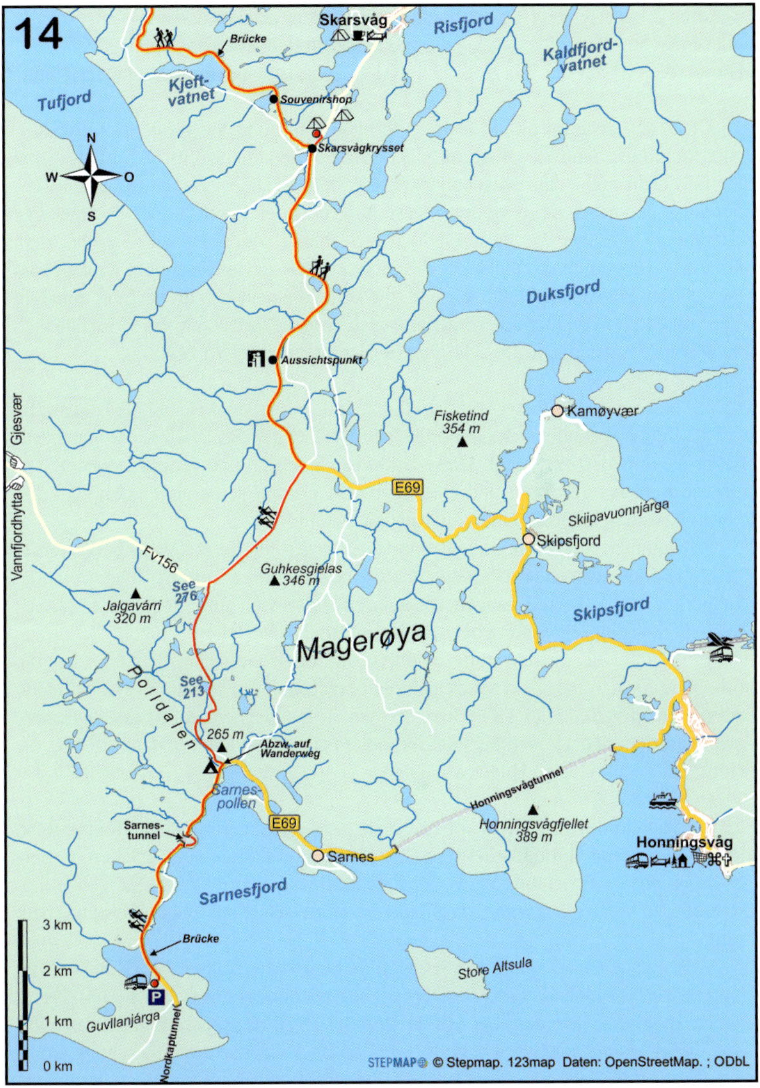
14
Skarsvåg
Brücke
Risfjord
Kaldfjord-vatnet
Kjeft-vatnet
Tufjord
Souvenirshop
Skarsvågkrysset
N
W
O
S
Duksfjord
Aussichtspunkt
Gjesvær
Fisketind
354 m
Kamøyvær
E69
Vannfjordhytta
Skiipavuonnjárga
Skipsfjord
Fv156
Guhkesgielas
346 m
See
276
Jalgavárri
320 m
Skipsfjord
Magerøya
Polldalen
See
213
265 m
Abzw. auf Wanderweg
Sarnes-pollen
Honningsvågtunnel
Honningsvågfjellet
389 m
Sarnes-tunnel
E69
Sarnes
Honningsvåg
Sarnesfjord
3 km
Brücke
2 km
Store Altsula
P
1 km
Guvllanjárga
Nordkaptunnel
0 km
STEPMAP © Stepmap. 123map Daten: OpenStreetMap. ; ODbL

weiteren 2 km erreichen Sie die Bucht Sarnespollen, wo die Landstraße eine scharfe Kurve macht – hier verlassen Sie diese und folgen dem Bach aufwärts ins Polldalen. Dieser Weg ist auf der Norge-Serien 10193 Nordkapp Karte nicht eingezeichnet.

Die recht steile Bergwand liegt zu Ihrer Rechten und Sie gehen in nordwestlicher Richtung an dieser vorbei und dann stetig bergauf, aus dem Tal heraus, wobei Sie nun nicht mehr dem Fluss folgen. Etwas höher gelegen, sehen Sie einen Rentierzaun, der durchquert werden muss. Aufgrund der Rentiere gibt es unzählige Trampelpfade, folgen Sie diesen jedoch nicht blind, sondern gehen Sie eher dem Kompass nach durch das Gelände, das recht einfach zu durchwandern wird, sobald Sie auf dem Plateau angekommen sind. Sie können einem kleinen Bach bis zum See 213 folgen und von hier aus geradeaus nach Norden fortsetzen, bis Sie schließlich zum See 276 gelangen, der schon an der Landstraße Fv156 liegt.

Nur einige Kilometer von dem Punkt entfernt, an dem Sie auf die Landstraße Fv156 treffen, befindet sich die nördlichste DNT Hütte des Landes, die **Vannfjordhytta**, die auf 71.029 N liegt. Diese Hütte ist klitzeklein und verfügt lediglich über ein windschiefes Stockbett und einen Kamin. Gedacht ist sie als Ausflugsziel und nur in Notsituationen als Unterkunft für die Nacht.

Sie kommen zur Vannfjordhytta, indem Sie der Straße 4 km nach Westen in Richtung Gjesvær (das im Übrigen auch ein bezauberndes Dorf ist) folgen. Achten Sie auf die roten T-Markierungen, die auf den klassischen aufgestellten Steinplatten bald zu Ihrer linken Seite über die baumlose Fläche leiten. Folgen Sie diesen zunächst unter der Stromleitung hindurch und dann ein wenig bergauf, über die Erhebung Skadjavárri. Bald schon geht es bergab und Sie können die kleine Hütte auf der anderen Seite des Tals sehen. Steigen Sie zur tiefsten Stelle des Tales hinab, zwischen dem See 195 und einem See ohne Namen hindurch und schon liegt die Hütte auf einem kleinen Hügel vor Ihnen.

**Vannfjordhytta** – Nicht verschlossen, zwei Betten, ein Kamin, Holz und ein Plumpsklo. Diese Hütte wurde nach dem Zweiten Weltkrieg von Arbeitern in Verbindung mit der Errichtung neuer Telefonleitungen errichtet. Wenn Sie genau hinschauen, so können Sie sehen, dass Teile der Hütte selbst aus Telefonmasten erbaut sind.

Viele Besucher kommen zu dieser Hütte, um ihren Namen im Gästebuch zu hinterlassen. Dies sind, unter anderem, Hüttensammler, die sich als Ziel gesetzt haben, möglichst viele der über 500 Hütten des DNT zu besuchen. Auch wenn das Ziel dieser Sammlung vielleicht auf den ersten Blick nicht so attraktiv scheint, so ist der Weg dahin doch eine fabelhafte Weise, alle Ecken Norwegens zu besuchen, kleinere und größere Abenteuer zu erleben und neue Freunde zu gewinnen. Vielleicht eine neue Herausforderung für Sie, nachdem Sie am Nordkap angekommen sind?

*Die Vannfjordhytta von innen*

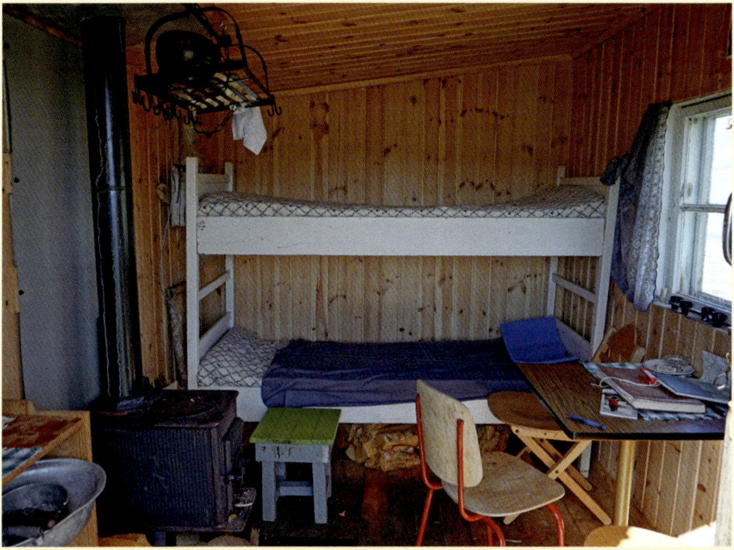

Die Hüttenliste zum Ankreuzen gibt es auf der DNT Homepage und schon ab 100 besuchten Hütten bekommen Sie anstelle Ihres normalen Hüttenschlüssels ein goldenes Exemplar zugesendet. Wenn das keine Motivation ist!

Ohne den Abstecher zur Vannfjordhytta und weiter in Richtung Nordkap folgen Sie der Straße in nordöstlicher Richtung, bis sich diese mit der E69 kreuzt. Nun haben Sie, je nach Wetter und Lust, die Möglichkeit, einfach der Straße bis zu den Campingplätzen am Skarsvågkrysset zu folgen, oder aber Sie können abseits der E69 durch das Gelände gehen. Aufgrund der Vielzahl der Touristen am Nordkap, existieren hier zahlreiche ausgetrampelte Pfade und Steinmännchen als Markierung. Diesen zu folgen, führt jedoch oft ins Nichts oder lediglich an einen Aussichtspunkt an den Klippen. Bei schlechtem Wetter oder, wenn das Risiko für Nebel besteht, ist von einer Wanderung abseits der E69 unbedingt abzuraten.

## Skarsvågrysset

Direkt an der Kreuzung liegt der Campingplatz Midnattssol Camping, der auch ein Café hat und Mahlzeiten anbietet. Die Hütten sind recht rustikal, aber warm und gemütlich und kosten ab NOK 600 pro Nacht. 9763 Skarsvåg, ☏ 47/45 22 19 42, www.midnattsolcamping.no, bjp3012@gmail.com

♦ 100 m weiter Richtung Skarsvåg liegt das Nordkapp Caravan Camp, welches ebenfalls kleine Hütten zum Übernachten anbietet. Die Besitzer sind die gleichen wie beim Midnattssol Camping, die Preise sind ebenfalls die Gleichen. 9763 Skarsvåg, ☏ 47/45 22 19 42, www.nordkappcaravancamp.no, bjp3012@gmail.com

## Skarsvåg

Im kleinen Fischerdorf Skarsvåg, 2,5 km von der Kreuzung entfernt, liegt das Nordkapp Turisthotell. Eine Übernachtung im Doppelzimmer kostet NOK 1.200, das Hotel verfügt über ein Restaurant. 9763 Skarsvåg, ☏ 47/94 20 43 39, www.nordkappturisthotell.no, anepet@gmail.com

Kirkeporten Camping liegt ebenfalls im Dorf Skarsvåg und bietet eine Anzahl verschiedener Hütten. Die Ausstattung dieses Campingplatzes ist deutlich frischer und moderner als die der beiden Anlagen am Skarsvågkrysset. Eine Hütte kostet ab NOK 480 pro Nacht und es gibt ein Café und Restaurant. Storvannsveien 2, 9763 Skarsvåg, ☏ 47/90 96 06 48, www.kirkeporten.no, kipo@kirkeporten.no

# Etappe 15: Skarsvågkrysset – Nordkap

*12,6 km, 3 Std., ↑ 404 m, ↓ 164 m, ⇧ 308 – 49 m*
*Kartenblatt: 10193 Nordkapp*

| | | |
|---|---|---|
| 0,0 km | ⇧ 37 m | Kreuzung Skarsvågkrysset |
| 1,8 km | ⇧ 79 m | Matkemuittut Sami Souvenir Shop |
| 3,6 km | ⇧ 78 m | Brücke Kjeftavatnet |
| 7,3 km | ⇧ 306 m | Beginn des Wanderwegs zur Knivskjelodden, Etappe 15A |
| 12,6 km | ⇧ 300 m | Nordkap Plateau |

*Diese Etappe ist nicht markiert.*

*Nun steht die letzte Etappe Ihrer Wanderung zum nördlichsten Punkt Europas bevor. Es ist nicht mehr weit, bis nur noch das Meer vor Ihnen liegt, die kargen Klippen der Magerøya unter Ihren Füßen. Wenn Sie an einem der Campingplätze an der Skarsvåg Kreuzung übernachtet haben, können Sie gut Ihr Zelt stehen lassen oder noch eine Nacht in einer der Hütten buchen und die letzten 12 km ohne den schweren Rucksack auf dem Rücken zurücklegen. In diesem Fall müssen Sie aber*

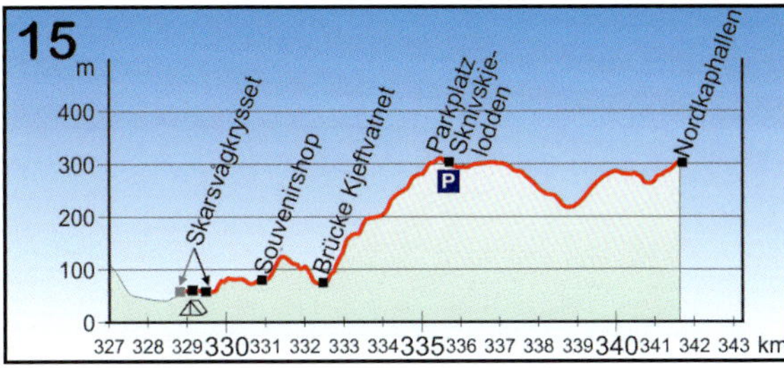


*natürlich zurückgehen oder mit dem Bus fahren. Auch eine Mitfahrgelegenheit zu bekommen, sollte kein Problem sein. Eine andere Möglichkeit ist, nach vollendeter Wanderung direkt am Nordkap zu campen.*

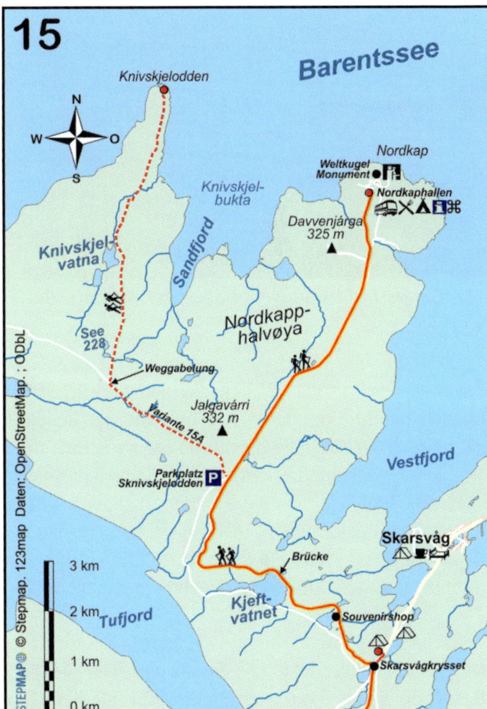


Von der Kreuzung Skarsvågkrysset folgen Sie der E 69 nach Norden. Es ist möglich, abseits der Straße zu wandern, es gibt jedoch keinen Stieg und die hier angebrachten Markierungen sind nicht offiziell und verlaufen sich zumeist im steinigen Gelände des Plateaus. Nachdem Sie den See Kjeftvatnet passiert haben, klettert die Landstraße höher auf das Plateau hinauf und bei schlechtem Wetter stecken die Hügel hier bereits ihren Kopf in die Wolken. Seien Sie daher bei schlechter Sicht wachsam, unabhängig davon, ob Sie auf der gut befahrenen E 69 gehen oder abseits dieser querfeldein wandern.

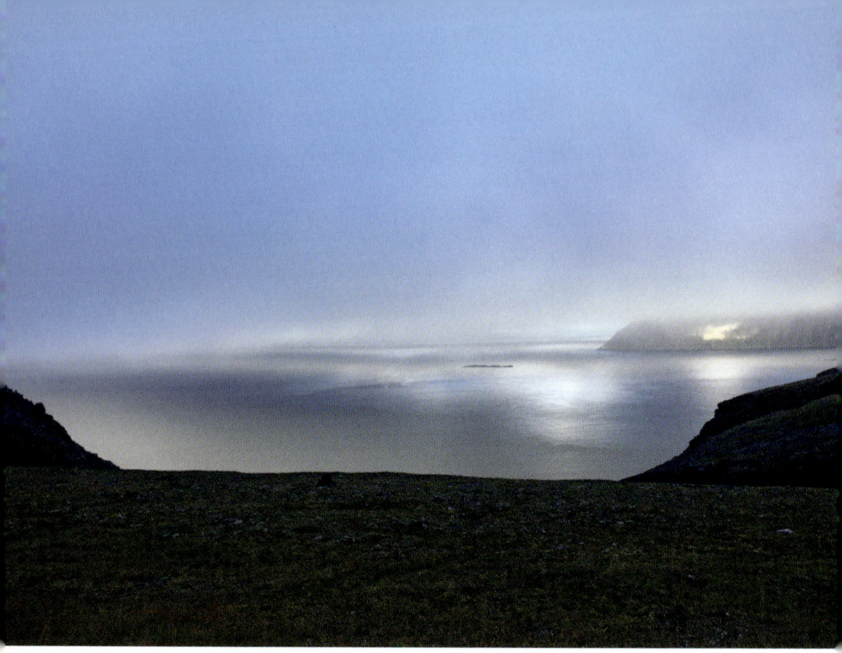

*Magisches Licht und Nebel über der Barentssee*

Bei guter Sicht wird das Panorama mit jedem Schritt in Richtung Nordkap fantastischer: Schon von Weitem können Sie die 300 m hohen Klippen, an denen Europa endet, in die Barentssee hinabstürzen sehen. Das Licht über dem Vestfjord ist magisch, unabhängig davon, ob Sie im Schein der Mitternachtssonne, an einem strahlenden Sommertag oder durch die Nebelschleier eines Herbsttages wandern.

Nach 7 km kommen Sie an einem Parkplatz vorbei, der der Ausgangspunkt des markierten Wanderweges zur Knivskjelodden ist, dem geografisch nördlichsten Punkt Europas. Wenn Sie diese letzte Etappe Ihrer Wanderung abseits von Wohnmobilen und der Landstraße begehen möchten, so können Sie hier zur ☞ Etappe 15A übergehen.

Setzten Sie Ihren Weg nun die letzten Kilometer nach Norden fort, mit der E69 als Orientierungspunkt. Die Straße endet schließlich mit einer Schranke, an der Besucher, die auf motorisiertem Wege bis hierher gekommen sind, stolze NOK 260 per Person zahlen müssen, um das Nordkapplateau zu betreten und hier zu parken. Für Sie als Wanderer ist dies jedoch nicht relevant und Sie können an der Schranke vorbeispazieren. Bevor Sie zu dem berühmten Symbol des Nordkaps, der stählernen Weltkugel, kommen, gehen Sie am Besucherzentrum, der sogenannten

Nordkapphallen, vorbei. Hier gibt es einen gigantischen Souvenirshop, ein Museum und ein Restaurant. Nahe dem Gebäude steht der offizielle Endpunkt des E1 in Form einer Steintafel.

💻 www.visitnordkapp.net/de

*Hurtigruten-Boot und Sonnenuntergang am Nordkap*

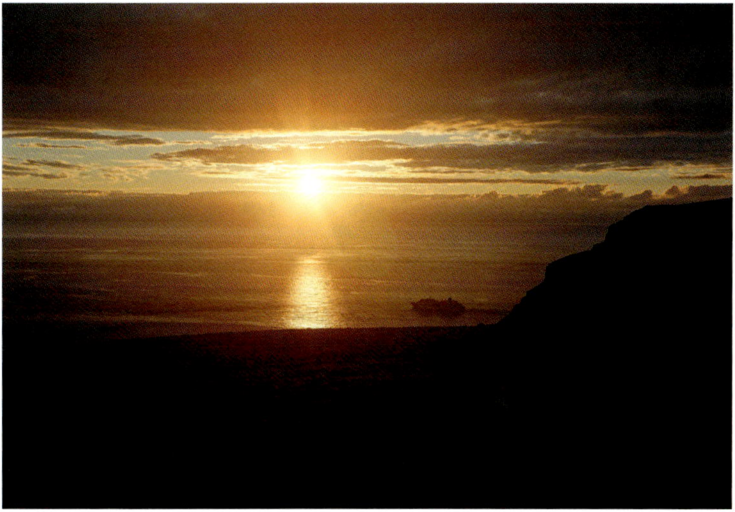

Das Zelten auf dem Plateau ist unter Wanderern, Fahrrad- und Motorradfahrern sehr beliebt. Benehmen Sie sich respektvoll und nutzen Sie die sanitären Anlagen.

Die Buslinie 211 zwischen dem Nordkap und der Stadt Honningsvåg verkehrt fünf Mal täglich. Dies gilt in der Hochsaison von Mitte Mai (wo oft noch Schnee liegt) bis Mitte August. Die Abfahrtszeiten vom Nordkap sind 8:40, 13:45, 16:40, 19:35 und 0:15. Außerhalb der Saison verkehrt lediglich der Bus um 13:45. Der Ticketpreis ist mit NOK 590 pro Person ziemlich unverschämt und beinhaltet Hin- und Rückfahrt sowie Eintritt in die Nordkaphalle.

☞ Die Unterkunfts- und Einkaufsmöglichkeiten für **Honningsvåg** finden Sie am Ende der Etappe 13. BANK

Billiger ist es, die weniger touristische Buslinie 62 zu wählen, die zwischen dem Nordkap und Alta verkehrt. Hier gibt es nur einen Bus täglich vom Nordkap in Richtung Honningsvåg, Olderfjord und Alta, aber der Fahrkartenpreis ist nur ein Bruchteil. Dieser Bus verlässt das Nordkap zwischen dem ersten Mai und Ende September um 14:20. An Samstagen gibt es keine Verbindung.

# Etappe 15A: Knivskjelodden

*8,8 km, 2 Std., ↑ 92 m, ↓ 402 m, ⇧ 15 – 326 m*
*Kartenblatt: 10193 Nordkapp*

| | | |
|---|---|---|
| 0,0 km | ⇧ 306 m | Beginn des Wanderwegs zur Knivskjelodden |
| 4,0 km | ⇧ 253 m | Weggabelung |
| 5,9 km | ⇧ 147 m | See Knivskjelvatna |
| 8,8 km | ⇧ 36 m | Knivskjelodden Landspitze |

*Diese letzte Etappe ist eine Alternative zum Nordkap und führt Sie auf die Landzunge **Knivskjelodden**, die geografisch gesehen wirklich der allernördlichste Punkt Europas ist, nämlich auf dem Breitengrad 71° 11' 08". Hierhin kommen Sie nicht mit dem Auto, sondern ein Wanderweg führt die letzten 9 km bis zum definitiven Ende Ihres Wanderabenteuers auf dem E1.*

*Der Wanderweg zur Knivskjelodden biegt 7 km nördlich des Skarsvågkrysset zur linken Seite von der Landstraße E69 ab. Hier gibt es einen Parkplatz und eine Informationstafel. Der Weg ist mit dem roten T markiert und sehr beliebt, Sie werden hier also nicht die gleiche Abgeschiedenheit genießen können, wie auf den restlichen Etappen des E1.*

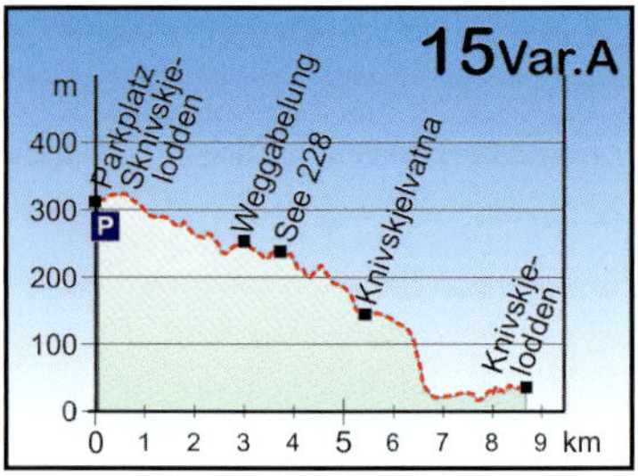


Vom Parkplatz beginnen Sie die Wanderung in nordwestlicher Richtung, über einen Hügel und dann stetig bergab. Nach 4 km teilt sich der Pfad und Sie wandern auf dem markierten Weg nun direkt nach Norden weiter. Sie kommen an dem See 228 vorbei und schon bald liegt der Sandfjord zu Ihrer Rechten. Herrliche Ausblicke auf die steilen Klippen des Nordkaps machen diese Wanderung zu einem wahren Augenschmaus. Sie nähern sich dem Meeresspiegel immer weiter und lassen das Plateau zu Ihrer Linken liegen. An der Landspitze angekommen, können Sie sich des unbeschreiblichen Gefühls erfreuen, bis zum äußersten Punkt

Europas gewandert zu sein und nun die Barentsee vor sich liegen zu haben! Das unglaubliche Panorama dieses außergewöhnlichen Platzes lässt sich besonders gut im einzigartigen Licht der Mitternachtssonne genießen.

*Die Halbinsel Knivskjelodden*

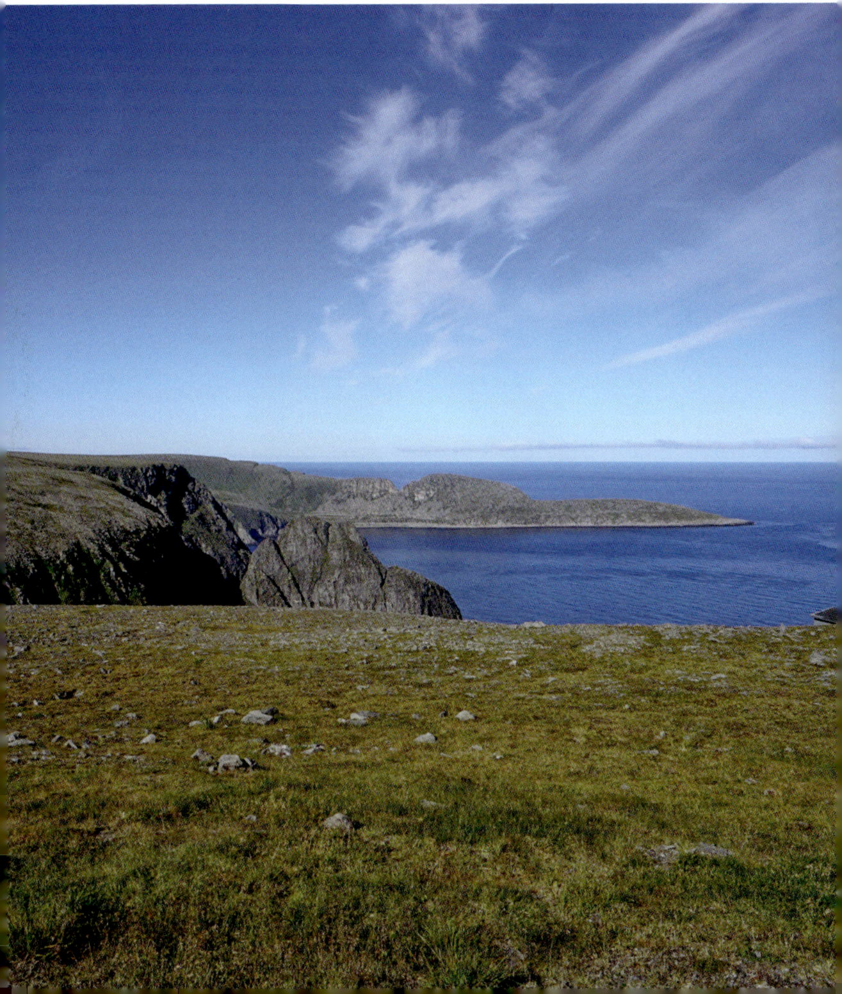

# Kleiner Sprachführer

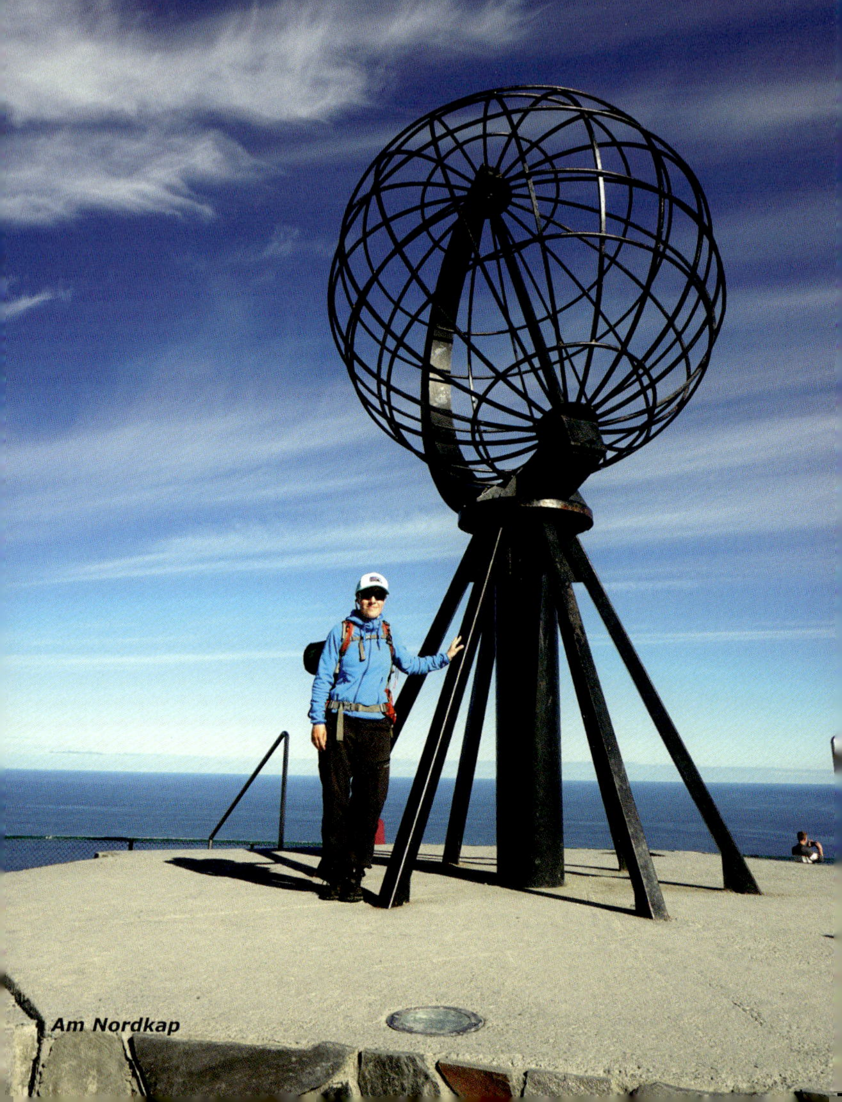

Am Nordkap

Das norwegische Alphabet hat neben den 26 Buchstaben unseres Alphabets noch drei weiteren Zeichen: „Æ" (wie Ä auf deutsch), „Ø" (wie Ö auf deutsch) und „Å" (wie O). Das „O" wird wie ein deutsches „U" ausgesprochen und das „U" wie ein deutsches „Ü".

| **Deutsch** | **Norwegisch (bokmål)** |
|---|---|
| Hallo! | Hei! |
| Guten Tag! | God dag! |
| Auf Wiedersehen! | Ha det (bra)! |
| Ja | Ja |
| Nein | Nei |
| Ich kann kein Norwegisch. | Jeg snakker ikke norsk. |
| Sprechen Sie deutsch / englisch? | Snakker du tysk / engelsk? |
| Ich bin aus Deutschland / Österreich / der Schweiz | Jeg er fra Tyskland / Østerrike / Sveits |
| Ich heiße ... | Jeg heter ... |
| Danke | Takk |
| Bitteschön | Vær så god / Vær så snill |
| Entschuldigung | Unnskyld |
| Toilette | Toalett |
| Können Sie mir helfen? | Kan du hjelpe meg? |
| Wie tief sind die Flüsse auf dem Weg nach ...? | Hvor dypt er elvene på vei til ...? |
| Ich bin krank. | Jeg er syk. |
| Wo ist ... / Wo liegt ...? | Hvor er ... / Hvor ligger ...? |
| Ich verstehe nicht. | Jeg forstår ikke. |
| Ich hätte gerne ... | Jeg vil gjerne ha ... |
| Kann ich eine Hütte mieten? | Kan jeg leie en hytte? |
| Was kostet es für eine Nacht? | Hvor mye koster det for en natt? |
| Ist es möglich heute hier zu übernachten? | Er det mulig å sove her i natt? |
| Was kostet ...? | Hva koster ...? |
| Verkaufen Sie ...? | Selger du ...? |
| Gaskartuschen | Gassbeholdere |
| Lebensmittel / Getränke / Essen | Dagligvarer / drikkevarer / mat |
| Zahlen, bitte! | Kan vi betale? |
| Frühstück / Mittagessen / Abendessen | Frokost / lunsj / kveldsmat |
| Prost! | Skål! |

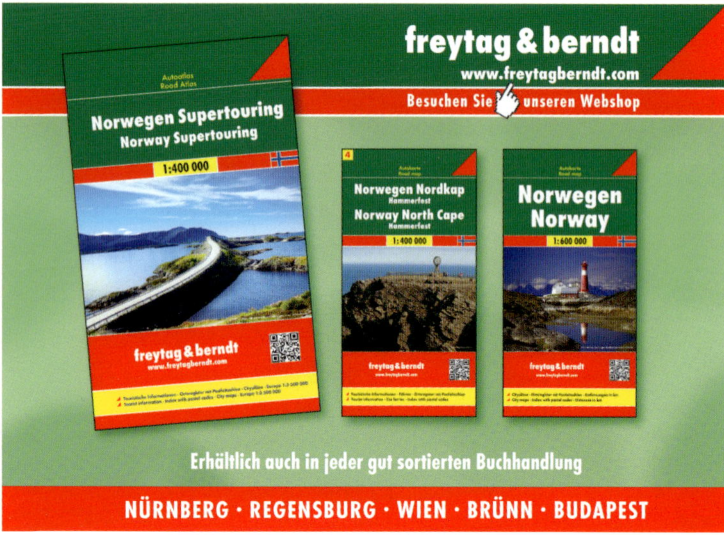
freytag & berndt
www.freytagberndt.com
Besuchen Sie unseren Webshop
Autoatlas
Road Atlas
Norwegen Supertouring
Norway Supertouring
1:400 000
freytag & berndt
www.freytagberndt.com
Norwegen Nordkap
Hammerfest
Norway North Cape
Hammerfest
1:400 000
Norwegen
Norway
1:600 000
Erhältlich auch in jeder gut sortierten Buchhandlung
NÜRNBERG · REGENSBURG · WIEN · BRÜNN · BUDAPEST

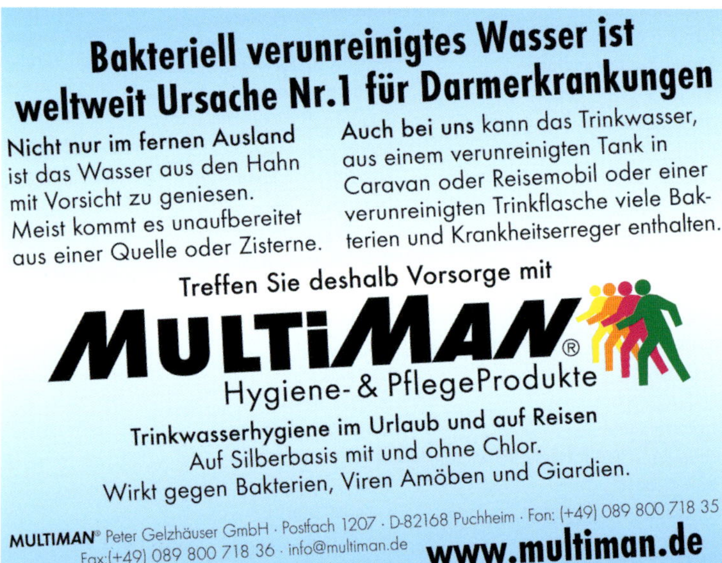
Bakteriell verunreinigtes Wasser ist
weltweit Ursache Nr.1 für Darmerkrankungen
Nicht nur im fernen Ausland
ist das Wasser aus den Hahn
mit Vorsicht zu geniesen.
Meist kommt es unaufbereitet
aus einer Quelle oder Zisterne.
Auch bei uns kann das Trinkwasser,
aus einem verunreinigten Tank in
Caravan oder Reisemobil oder einer
verunreinigten Trinkflasche viele Bak-
terien und Krankheitserreger enthalten.
Treffen Sie deshalb Vorsorge mit
MULTiMAN®
Hygiene- & PflegeProdukte
Trinkwasserhygiene im Urlaub und auf Reisen
Auf Silberbasis mit und ohne Chlor.
Wirkt gegen Bakterien, Viren Amöben und Giardien.
MULTIMAN® Peter Gelzhäuser GmbH · Postfach 1207 · D-82168 Puchheim · Fon: (+49) 089 800 718 35
Fax:(+49) 089 800 718 36 · info@multiman.de
www.multiman.de

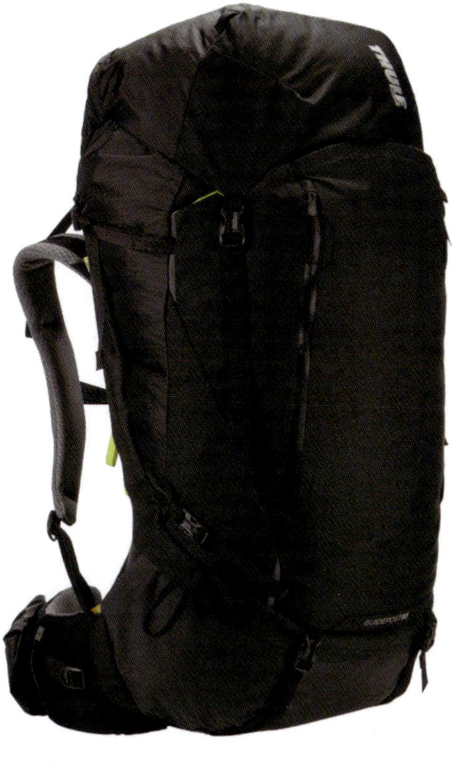

# › Thule Guidepost 85L

**Bring your life**
thule.com

# Index

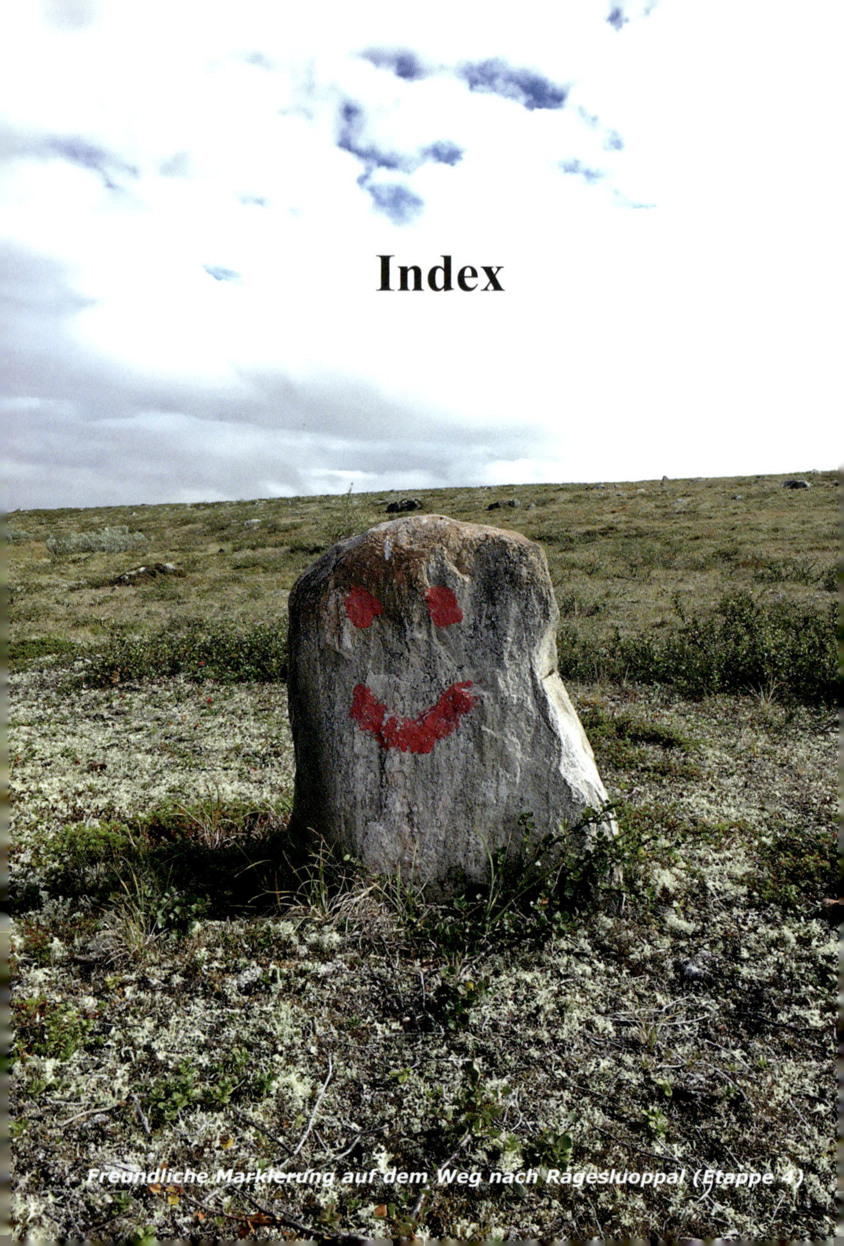

Freundliche Markierung auf dem Weg nach Rágesluoppal (Etappe 4)

## A



## B



## D



## E/F



## G



## H



## I



## J



## K



## L



## M



## N